国家骨干高职院校重点建设专业教材
高职机械类精品教材

# 模具价格估算

MUJU JIAGE GUSUAN

主　审　王春香
主　编　王桂英
副主编　王　华
编写人员（以姓氏笔画为序）
　　　　王　华　　王桂英
　　　　成良平　　李小城
　　　　俞　蓓

中国科学技术大学出版社

## 内 容 简 介

本书根据全国高等职业院校对技术应用型人才的专业技术应用能力的培养要求以及高职高专模具设计和制造的基本要求,采用较为新颖实用的观点,对原有的教学体系和内容进行重组和优化,结合编者多年来从事专业教学和生产实践的经验编写而成。本书以通俗易懂的文字和丰富的图表,介绍了模具价格估算的基本原理、价格构成和主要方法,内容由浅入深,详细论述了企业典型的估价真实案例,具有很强的可操作性、实用性。

本书可作为高等职业技术院校模具设计与制造、机械制造、数控加工和机电一体化等专业的教学用书,也可供从事模具设计与制造、机械制造、数控加工和机电一体化等工作的工程技术人员、营销人员掌握摸具价格估算方法参考使用。

**图书在版编目(CIP)数据**

模具价格估算/王桂英主编. —合肥:中国科学技术大学出版社,2014.8(2017.6重印)

ISBN 978-7-312-03514-2

Ⅰ.模⋯ Ⅱ.王⋯ Ⅲ.模具—价格—估算方法—高等职业教育—教材 Ⅳ.F764.3

中国版本图书馆 CIP 数据核字(2014)第 182316 号

| | |
|---|---|
| 出版 | 中国科学技术大学出版社<br>安徽省合肥市金寨路 96 号,230026<br>http://press.ustc.edu.cn<br>https://zgkxjsdxcbs.tmall.com |
| 印刷 | 合肥市宏基印刷有限公司 |
| 发行 | 中国科学技术大学出版社 |
| 经销 | 全国新华书店 |
| 开本 | 710 mm×960 mm  1/16 |
| 印张 | 10.5 |
| 字数 | 206 千 |
| 版次 | 2014 年 8 月第 1 版 |
| 印次 | 2017 年 6 月第 2 次印刷 |
| 定价 | 25.00 元 |

# 前　言

本书根据教育部高职高专教育专门课程基本要求和高职高专专业人才培养目标及规格的要求，从高等职业技术教育的教学特点出发，依据从事模具价格估算的工程技术应用型人才的实际要求，在总结近几年模具专业教学改革经验的基础上，结合编者多年来模具估价教学和实践编写而成。

本书按 30～38 学时编写，可作为高等职业技术院校模具设计与制造、机械制造、数控加工和机电一体化等专业的教学用书，也可供从事模具设计与制造、机械制造、数控加工和机电一体化等工作的工程技术人员、营销人员掌握模具价格估算方法参考使用。

本书以"必需、够用"为度，突出应用性；通俗易懂，体现模具自身价值，根据各类相关模具的有关参考数据，运用产品生产成本核算及工时费用计算理论与方法，主要采用 Excel 表格计算方法，达到科学、合理、快捷、准确地计算模具价格的目的。

编写组在充分吸收、参考相关文献中的基础计算原理和方法的基础上，总结二十多年的实践经验，删除了部分繁琐的表述和系数，系数的选取方法更加简洁实用，引入了近年来普遍采用的计算机辅助计算方式，增加和充实了部分计算理论和基本概念，通过大量计算工作完成了各种理论数据的转化，提出了多种计算方法，增加了实用性和可操作性。

本书由安徽机电职业技术学院王桂英担任主编，安徽芜湖盛力制动有限公司王华担任副主编，安徽机电职业技术学院王春香担任主审，具体分工如下：王桂英编写第 1～5 章，王华编写第 6 章，安徽机电职业技术学院李小城负责三维分析图及附录 1，安徽机电职业技术学院俞蓓编写附录 2，安徽机电职业技术学院成良平负责二维图及附录 3。

在编写过程中，我们得到了安徽芜湖瑞鹄汽车模具有限公司、安徽芜湖盛力科技股份有限公司、安徽天思朴超精密模具有限公司、浙江宁波慈溪鸿达电机模具有限公司等的大力支持。在此表示衷心的感谢！

由于编写时间和编写水平有限，书中缺点和错误在所难免，敬请专家、同仁和广大读者批评指正。

编　者

2014 年 6 月

# 目　　录

前言 ································································································· i

绪论 ································································································· 1

## 第1章　模具价格基本知识 ·········································································· 3
### 1.1　价格基本知识 ··················································································· 3
1.1.1　价格的构成、作用及种类 ································································ 3
1.1.2　产品价格的制约因素 ······································································ 7
1.1.3　定价目标 ··················································································· 9
### 1.2　模具及其价格基本知识 ········································································ 11
1.2.1　模具计价的内涵和意义 ································································· 11
1.2.2　模具生产的一般过程和特点 ··························································· 11
1.2.3　模具价格计算公式 ······································································· 13
1.2.4　模具价格的主要计算方法概述 ························································ 16
1.2.5　模具计价方法的发展趋势 ······························································ 17
### 1.3　模具报价策略及结算方式 ····································································· 18
1.3.1　模具报价策略 ············································································· 18
1.3.2　模具的结算方式 ·········································································· 19
复习思考题 ··························································································· 21

## 第2章　普通小型冲压模具计价方法 ···························································· 22
### 2.1　小型冲压模具概述 ············································································· 22
### 2.2　基点工时估算法 ················································································ 24
2.2.1　基点工时估算法概述 ···································································· 24
2.2.2　基点工时估算法的内容 ································································· 24
2.2.3　基点工时估算法的计算实例 ··························································· 32
### 2.3　吨位估算法 ······················································································ 32
2.3.1　吨位估算法概述 ·········································································· 32
2.3.2　吨位估算法的内容 ······································································· 32

2.3.3　吨位估算法的计算实例 …………………………………… 34
2.4　小型冲压模具计价实例(含基点工时估算法及吨位估算法) … 35
　　2.4.1　计价实例1(盖板落料冲孔模) …………………………… 35
　　2.4.2　计价实例2(灯罩支架翻边成形模) ……………………… 37
　　2.4.3　计价实例3(灯罩支架拉延模) …………………………… 39
　　2.4.4　计价实例4(盖板弯曲模,采用制造工费成本逐项计算法) … 40
　复习思考题 ……………………………………………………………… 42

## 第3章　级进模及其计价方法 ………………………………………… 44
3.1　级进模概述 …………………………………………………………… 44
3.2　级进模的结构特点 …………………………………………………… 45
3.3　级进模计价方法概述 ………………………………………………… 46
　　3.3.1　初步工艺分析和结构设计 …………………………………… 46
　　3.3.2　材料费估算法 ………………………………………………… 46
　　3.3.3　加工制造费估算法 …………………………………………… 47
　　3.3.4　工位综合估算法 ……………………………………………… 48
3.4　级进模计价实例 ……………………………………………………… 48
　　3.4.1　计价实例1(接线片级进模) ………………………………… 48
　　3.4.2　计价实例2(鼓盖级进模) …………………………………… 52
　　3.4.3　计价实例3(座椅钩级进模) ………………………………… 57
　　3.4.4　计价实例4(电机铁芯自动叠铆硬质合金多工位级进模) … 61
　复习思考题 ……………………………………………………………… 66

## 第4章　精密冲压模具及其计价方法 ………………………………… 69
4.1　精密冲压模具概述 …………………………………………………… 69
4.2　精密冲压模具计价方法概述 ………………………………………… 69
　　4.2.1　价格构成 ……………………………………………………… 69
　　4.2.2　制造费构成 …………………………………………………… 70
　　4.2.3　加工工时 ……………………………………………………… 71
4.3　精密冲压模具计价举例(后排气阀板精冲模) ……………………… 72
　复习思考题 ……………………………………………………………… 74

## 第5章　中、大型冲压模具及其计价方法 …………………………… 75
5.1　概述 …………………………………………………………………… 75
　　5.1.1　中、大型冲压模具的主要特性和划分 ……………………… 75
　　5.1.2　中、大型冲压模具价格估算的适用范围 …………………… 76

5.2 中、大型冲压模具价格估算公式及参数 ············································· 77
　　5.2.1 实体重量估算法 ································································· 77
　　5.2.2 逐项成本费用估算法 ··························································· 83
5.3 中、大型冲压模具价格的计价步骤 ··················································· 92
　　5.3.1 实体重量估算法的计价步骤 ··················································· 93
　　5.3.2 逐项成本费用估算法的计价步骤 ············································· 93
5.4 中、大型冲压模具计价实例（汽车覆盖件模具） ································· 95
复习思考题 ······················································································· 99

## 第6章　注塑模具及其计价方法 ·························································· 100
6.1 注塑模具概述 ············································································· 100
　　6.1.1 注塑模的结构分类 ······························································ 100
　　6.1.2 注塑模的结构组成 ······························································ 102
　　6.1.3 注塑模具的常规制造工艺 ····················································· 103
　　6.1.4 注塑模具价格的常用计算方法说明 ········································· 104
6.2 工时技术参数法 ·········································································· 105
　　6.2.1 工时技术参数法的主要对象与相关说明 ··································· 105
　　6.2.2 工时技术参数法的因素分类和计算公式 ··································· 106
　　6.2.3 影响系数的取值方法和计算公式 ············································ 107
6.3 材料比价计算法 ·········································································· 117
　　6.3.1 材料比价计算法使用时的注意要点 ········································· 117
　　6.3.2 材料比价法的主要对象与相关说明 ········································· 118
　　6.3.3 材料比价计算法的因素分类和计算公式 ··································· 121
6.4 注塑模计价实例 ·········································································· 125
　　6.4.1 计价前的准备 ···································································· 125
　　6.4.2 计价实例（轿车门内饰板） ·················································· 126
复习思考题 ······················································································ 142

## 附录 ······························································································ 143
附录1 汽车检具计价方法简介 ······························································ 143
附录2 关于热处理行业协作加工价格指导原则 ········································· 145
附录3 小型冲压件的报价 ···································································· 153

## 参考文献 ························································································ 158

# 绪 论

模具是生产各种工业产品的重要工艺装备,随着现代化工业的发展和产品更新换代周期的加快,模具的需求量日益增长,其设计、制造水平也在不断提高,模具工业在整个国民经济发展中的作用愈来愈显著。模具工业的发展直接受模具市场的制约。在当前,模具市场的发展和逐步的成熟面临着一个非常严峻的问题,那就是怎样科学地、合理地计算模具成本,确切地对模具进行估价,以便真实地反映模具价值。

模具作为产品生产重要的工艺装备之一,一般不直接进入市场流通领域,而是由供需双方进行业务洽谈,明确双方的经济关系,并以订单或经济合同的形式来确定双方的经济技术关系。业务洽谈中报价和交付时间的商定,关系到双方的直接经济利益,是一项很重要的内容。因此,必须建立一套合理而又简单、实用、快捷的模具价格计算方法,用其作为模具报价的依据。

目前,我国大部分企业对模具的计价多采用估算的方法。不管是模具制造者还是使用者,他们一般凭个人的经验或参照积累的资料估价,科学论据不充足,结果往往大相径庭。这主要表现在以下两个方面:

一是对模具行业的特点认识不足。模具是技术密集型产品,属单件小批量生产,不仅要求生产设备多、全、精,而且要求操作人员技术全面,知识面宽,知识更新迅速,掌握现代化加工技术和具有较高的技能。

二是对模具成本估算不甚科学。模具的生产成本中应当包括原材料、设计费、燃料费、动力费、工资及工资附加费、废品损失费、车间和企业的管理费(包括管理人员的工资及工资附加费、设备厂房及其他固定资产的折旧费、利息、运输费、销售费),还有很多不可预见的费用等。通常,用户往往对模具的生产成本只想到材料费和加工费,不考虑上述其他费用,造成用户和制造者在价格认识上的差距较大。

模具价格应该既体现出自我劳动付出的多少及质量优劣等综合情况,同时也要体现出模具的技术价值。在工业发达国家,把模具作为机械制造方面的高科技产品来对待,模具价格比较昂贵。如我国引进国外的 53.34 cm(21 in)彩色电视机外壳模具,价格为 45 万美元,微电机 9 工步级进模具为 28 万美元,比国内同等模具的价格高出了 3~10 倍。分析其原因,除材料因素外,主要是因为国外企业考虑了模具的技术价值,而国内企业仅考虑人工费和材料费,忽略了技术价值这一部分,甚至有些企业根本就没有把设计费列入成本之中。众所周知,在当今的知识经济社会中,技术价值是不容忽视的,是价格体系中最重要的组成部分之一。

本书是培养模具人才具有开发模具市场、尽显成本核算能力的基本教材。主要讲授以下内容:

(1) 产品价格以及定价方法的基本知识;

(2) 模具价格的构成及制定模具价格的方法;

(3) 以冲压模具、注塑模具(这两大类模具占模具总量近90%)的价格估算方法为例,讲述模具价格如何计算;

(4) 其他模具的价格估算和一些简易估价方法。

通过学习本课程,学生应达到以下几个方面的要求:

(1) 系统了解产品的价格构成、价格的制约因素以及定价目标、定价方法和定价策略;

(2) 掌握模具价格的构成、简化计算方法以及这些方法的适用范围;

(3) 掌握冲压模具和注塑模具的价格估算方法、公式,能按照教材表格里的数据,依照其公式对中等复杂程度的冲压模具和注塑模具进行合理的估价。

"模具价格估算"是一门新的课程,它的主要内容都是在长期的生产实践中逐步积累和丰富起来的,因此,学习本课程必须具有模具设计和制造方面的基本知识和能力,并且要加强理论联系实际。

模具价格的估算今后必须过渡到模具价格的计算上来,以便真实、合理地反映模具的价值,但目前由于受到种种因素的限制还很难做到尽善尽美。相信随着电子计算机应用的飞速发展,模具的全面标准化、系列化、专业化,用电子计算机进行模具报价,减少人为因素,快捷、准确、合理地计算出模具的价格将为时不远。

# 第1章 模具价格基本知识

## 1.1 价格基本知识

价格是商品交换发展的产物。模具的定价是否合理不仅关系到用户的切身利益,而且还关系到制造商的盈利水平、市场的竞争力以及预定的经营目标是否能够顺利实现等等,因此,模具价格的制定是模具制造企业经营决策的重要内容之一。为了制定出合理的模具价格,反映其自身价值,本章先介绍一些有关价格方面的基本知识。

### 1.1.1 价格的构成、作用及种类

#### 1.1.1.1 价格的构成

价格与价值密切相关,研究商品价格必须首先研究其价值。价值是由生产商品的社会必要劳动量决定的,包括已耗费的生产资料的价值和劳动者新创造的价值。也就是说,价值是凝结在商品中的社会必要劳动。但是商品的价值并不能用自身来反映,在货币存在的条件下,通常是用货币形式计算商品的价格,并通过价格来反映价值。所以商品价格是商品价值的货币表现。价值是价格的基础,从根本上说,价格应由价值决定,即商品价值量越大,价格也应越高。反之,价值量越小,价格也应越低。大多数情况下,在实际生活中价格并不总是同价值完全一致,而是在市场因素的作用下,围绕价值上下波动,只能大体上与价值保持一致。

价值虽然是形成价格的基础,但因商品的价值很难直接度量,所以现实中商品价格是由生产成本、税金、利润以及必要的流通费用四部分构成的。

生产成本是指生产一定数量的产品所耗用的物质资料和支付给劳动者的报酬,主要包括材料费、动力消耗、工资及设备折旧费等。一般来说,生产成本的大小是决定产品价格高低的主要因素,若想降低产品的价格,首先必须设法降低其成

本。此外,当产品价格不变时,成本越低,企业纯收入越大;反之,成本越高,纯收入越小。因此,企业要想获取更多的盈利,就必须加强内部管理,精打细算,不断降低生产成本。

税金和利润是劳动者为社会所提供的剩余劳动的价值形式。税金是国家通过法令形式,以不同的税种和税率,在不同的环节中征收的费用,具有相对稳定性,是国家财政积累的主要来源。同时,为了便于考核经营效果,进行经济核算,把纯收入的一部分以利润的形式由企业上交。税金是指应计入商品价格和服务收费中的纳税金额。税金对价格的高低和企业盈亏状况有重要影响,如商品的成本和利润额已定,应纳税金越多,价格则越高。如果成本和价格已定,应纳税金越多,企业的利润必然越少。税收也是一个重要的经济杠杆。

税金是价格构成的要素之一。工业品应纳税额按出厂价格计征,是出厂价格的构成要素,即

$$工业品应纳税金 = 出厂价 \times 税率$$

商品价格中的利润是商品销售价格减去生产成本、流通费用和税金后的余额。目前,工业品出厂价格中的利润一般采用成本利润率计算:

$$工业品利润额 = 产品成本 \times 利润率$$

流通费用是指商品从生产者转移到用户的过程中所耗费的必要费用,包括经营管理费、利息、运杂费和损耗等。商品流通费用在价格中所占的比重以商品的性质不同而有所差别。如有的商品价值小、体积大、运费高、储存时间长,那么流通费用在价格中的比重就大;而有的商品价值较大,而体积较小,损耗又少,其费用的比重就小。不管流通费用大小,它的变动对价格都有着直接的影响。流通费用和生产成本结合在一起构成产品的完全成本。

### 1.1.1.2 价格的作用

如前所述,价值是形成价格的基础,但是价格的高低也并非单纯地由价值所决定,它还要受市场供求及其他因素的影响。此外,价格作为一个重要的经济杠杆,对企业的生产经营活动和市场需求状况产生重大的影响。一般情况下,价格作用表现在以下几个方面。

(1) 价格起着调节生产和流通的作用

产品价格的提高可以激励企业扩大生产,反之,价格的降低可以引起购买力上升,促进商品消费。

过去,我国工业品的价格基本上由国家统一制定,企业无定价权,不管产品的价格高低、需求量大小,企业必须按国家下达的产量和品种计划进行生产,不得擅自更改。经济体制改革以后,企业自主权不断扩大,企业在完成国家计划任务之

后，有权根据市场需要自行安排生产和销售产品，很多产品可由企业自行定价或由供需双方协商后作出议价。这样，定价问题对企业来说就有了实际意义，通过合理地确定产品价格就可以对生产和流通进行调节。

（2）价格是企业进行全面经济核算的有效工具

企业内部的经济核算必须以货币统一计价，否则，企业的资金核算、成本核算、销售收入和纯收入等方面的核算都无法进行。只有利用价格核算，才能综合反映出企业生产经营活动的经济利益。另外，合理的价格能够调动生产者的积极性，并促使他们努力改善经营管理，提高劳动效率，降低劳动消耗。如果价格制定得不合理，就不能正确反映产品的劳动消耗，也就无法客观地比较和评价企业的生产成果，不利于企业开展全面经济核算。

（3）价格可以参与国民收入的再分配

通过商品交换，可以实现商品价格的分配职能。当某种商品以高于其价值的价格出售时，卖方就会获得较多的盈利，而买方就要承担较大的损失；而当某种商品以低于其价值的价格出售时，卖方就会亏损，买方就会受益。这些经济现象都是价格参与国民收入再分配的具体表现。

总之，价格直接关系到交换双方的经济利益，任何价格的变动，都会引起不同部门、地区、单位以及个人之间经济利益的重新分配。只有合理的价格才能正确处理国家、集体和个人三者之间的利益分配，才能有利于各方面的经济利益协调一致。

### 1.1.1.3 我国价格的种类

我国目前部分实行的是有计划的商品经济，因此，价格的类型具有多样性，分类的角度不同，其价格的表现形式也不同。了解价格的类型，对于正确地制定价格决策具有重要的指导意义。

**1. 按国家对价格的管理权限划分**

（1）计划价格

指由国家对关系到国计民生的生产资料和消费资料等重要物质所规定的价格。由国家统一制定的称为国拔价；由地方政府按国家赋予的权限和规定的标准制定的称为地方价。计划价格又可分为固定价格和浮动价格两种。

① 固定价格：指在一定时期内固定不变的价格。如重要的农产品收购价、重要的生产资料出厂价、重要的消费品零售价和重要的交通运输价等，均实行国家统一定价，未经物价部门和业务主管部门审批，任何单位和个人都无权进行改动。这种定价是为了促进商品生产，有利于安定人民生活，保证社会再生产不受物价波动影响。但缺点是定价形式死板，不能够完全适应商品经济发展的要求。随着我国

经济体制改革的深入,这种定价方式将有待改善。

② 浮动价格:指由国家规定基价和浮动幅度后,企业根据供求情况在此范围内浮动的价格。浮动价格有三种形式:最高限价、中准价格和最低限价。

(a) 最高限价是以其基价为上限,企业只能在规定的幅度内向下浮动价格,一般适于价格偏高、已形成积压、需要降价处理的商品。

(b) 中准价格是由国家规定中准价和浮动幅度,企业可以在规定的幅度内上下浮动价格,一般适于品种多、选择性强、市场供求变化快的商品。

(c) 最低限价是以其基价为下限,企业只准在规定的幅度内向上浮动价格,一般适于供大于求而价格又偏低的商品。

浮动价格既体现了国家计划对价格形成的指导,又反映了价值规律的调节作用,是比较客观的定价形式。在目前我国经济体制改革时期,浮动价格仍起着主导作用。

(2) 非计划价格

指国家对一部分非关键性物资不作统一定价,而是由交易双方协商议价或根据市场供求情况自由定价。非计划价格具体包括以下两种。

① 协议价格:指由交易双方根据生产情况和市场供求状况,按照价值规律的要求,通过协商而制定的价格。一般适用于非关键性物资企业完成国家计划后超产并可自行支配的重要物质。像模具由于本身的特点,其价格往往由供求双方协商。实践证明,协议价格有利于按质定价和开展竞争,并可使产销直接挂钩,激励生产部门尽力改善经营活动,更好地满足需求及活跃市场。但应注意的是,实行议价的部门和单位,应注意掌握价格涨落的适当幅度,以免影响市场物价的基本稳定。

② 自由价格:指完全由交易双方根据市场供求状况自由议定的价格。一般适用于关系国计民生较小的商品,这些商品虽然品种繁多,但占市场销售额的比重较小。这种价格易受市场供求状况的影响,竞争性最强,交易双方可以讨价还价、随行就市、拍板成交。

改革开放以来,随着我国市场上物质的不断丰富,非计划价格的商品越来越多,这就为企业搞活经济,正确运用定价权,采取合理的价格决策提供了有利条件。但要指出的是,实行非计划价格,企业确实被赋予了很大的权利,但必须严格遵守国家的物价政策和市场管理条例,不能采用不正当的手段来欺骗用户,牟取暴利。同时,有关部门也必须严格加强市场管理,必要时可采用吞吐物资等经济手段实行必要的干预,以便稳定市场。

**2. 按物资的流通环节划分**

按照物资的流通环节可分为工业品出厂价格、批发价格和零售价格,其关系见

表1.1。

**表 1.1　商品的流通环节价格关系**

| 产品成本 | 销售税金 | 利润 | 批发商业流通费用 | 批发商业营业税 | 批发商业利润 | 零售商业流通费用 | 零售商业营业税 | 零售商业利润 |
|---|---|---|---|---|---|---|---|---|
| 出厂价格 ||| 进销差价 ||||||
| 商业批发价格 |||||| 批零差价 |||
| 零售价格 |||||||||

商品流通中的各种价格，除了以上介绍的几种之外，另外还有调拨价格、供应价格、非商品收费等其他形式。限于篇幅，此处不再赘述。

## 1.1.2　产品价格的制约因素

从理论上来说，商品的价格应根据商品的价值和市场供求情况来制定。但由于商品的准确价值很难度量，加之市场供求状况因受竞争的影响更是不断发生变化，所以实际商品价格的制定是在综合考虑产品成本、市场需求和市场竞争等因素的基础上进行的。因此，为了保证企业定价的准确性，就需对这些制约因素进行分析。

### 1.1.2.1　产品成本

产品成本是定价的基础，也是决定和影响价格变动的主要因素。

产品成本、利润、税金与产品价格的关系如下：

$$价格 = 产品成本 + 利润 + 税金$$

其中：

$$利润 = 产品成本 \times 成本利润率$$

$$税金 = 价格 \times 税率$$

将后两式代入前式并作相应的变换，得出

$$价格 = 产品成本 \times (1 + 成本利润率)/(1 - 税率)$$

上式就是用来计算产品价格的公式。

产品成本根据在生产过程中所起的作用可分为固定成本和变动成本两大类,这两种成本均直接影响产品的价格,下面分别对其进行简略分析。

**1. 固定成本的影响**

固定成本是指总额在一定时期、一定产量范围内,不随产品数量变动而变动的那部分成本。如厂房和设备的折旧费、租金、管理人员的工资等,在一定产量限度内,这些费用在每一个生产期间的支出都是比较稳定的,它们将被平均分摊到产品中去,不管产品的产量如何,其支出总额总是相对不变的。实际上,在特定的生产经营期间和产量范围内,企业的固定成本总额虽然不随产量变动而变动,但单位产品上分摊的固定费用却随产量的变化而变化。产量越高,单位产品分摊的固定费用就越少;反之,单位产品分摊的固定费用就越高。因此,企业可以采用压缩固定成本总额或增加产量的方法来控制固定成本。

**2. 变动成本的影响**

变动成本是指成品总额随产品数量的变动成正比例变动的成本,主要包括原材料、燃料、计件工资、直接营业税等。变动成本的总额虽然随产量的变化而变化,但单位产品的变动成本却是相对稳定的,不随产量而变动。有些产品,由于大批量生产,原材料、燃料、动力消耗等可以得到综合利用,故单位产品的变动成本反而会随产量的增加而有所降低。一般情况下,只有通过控制单位产品的消耗量才能达到降低单位变动成本的目的。

产品成本制约着产品价格,而产品价格又影响市场需求、竞争等因素。因此,从这个角度来说,产品成本应越低越好。由于产品成本在一定的生产规模基础上会随产量的增加而相应降低,所以企业可以通过发挥规模经济效应增加产量、降低成本,从而达到降低产品价格、刺激需求、实现企业经营目标的目的。

### 1.1.2.2 供求关系

商品价格在不同程度上受到供求关系的影响,在自由价格的商品交易中,价格受供求状况的影响更大。供大于求,商品价格就会下降;供不应求,商品价格就会上涨,所以说商品的供求状况调节着市场价格的高低,驾驭着商品价格的起伏。反过来,商品价格也对市场上的商品供求发生调节:价格上涨时,需求量下降;价格跌落时,需求量上升。也就是说,商品的价格和市场的供求互相制约。因此,在制定价格时,既要考虑产品需求的弹性,又要考虑市场供求的变化,价格既不能过高,也不能过低。价格过低,销售量虽然增大,利润总额却随单位产品利润的下降而减少;价格过高,产品的单位利润虽然增大,但利润总额同样会因销售的减少而下降。所以一方面企业的产品价格不应超过同类产品的市场价格,否则将失去竞争能力,平均销量下降；另一方面，价格也不能低于生产成本，不然的话，产品生产过程中的各种消耗就得不到足够的补偿，导致企业的生产经营活动难以维持。

#### 1.1.2.3 竞争关系

当前，在自由竞争的情况下，几乎每种产品都会遇到竞争对手，产品的供给会因竞争的强弱而相应地增减，并引起市场价格的下跌或上涨，而价格的起落又反过来决定着市场竞争的强度，从而影响供给的增加或减少。因此，产品价格不仅取决于产品成本和市场供求，还取决于竞争者的产品对市场的分割程度。就企业来说，产品价格的上限取决于同类产品的市场价格，下限取决于产品成本，但在两个界限之间价格究竟应为多少，并非由企业随心所欲地制定，而是要受到竞争者产品价格的制约。只有在全面了解了竞争对手的状况之后，企业才有可能制定出适当的价格。由此可见，竞争是制约企业产品定价的又一个重要因素。

市场竞争说到底是产品价格、质量和品种的竞争。企业在制定产品价格时，除要考虑上述几种主要影响因素之外，还要考虑产品的售后服务、货币流通量和政府的有关物价政策。另外，国家制定的有关税收、信贷、利率等金融政策，也同样会对商品的价格产生影响。

### 1.1.3 定价目标

定价目标是指企业产品价格实现后应达到的预期目标。企业在具体作出价格决策之前，需要首先决定价格目标，只有当定价目标与企业经营目标协调一致时，才能使价格决策达到预期的作用。由于在价格制定时考虑的因素很多，所以，定价目标也不一样。一般来说，不同的企业对不同的产品在不同时期有着各种不同的价格目标。

(1) 以获取最大盈利为目标

获取最大盈利是企业追求的重要目标之一。但是，企业追求最大盈利并不等于追求最高价格。因为，当产品价格上升时，销售量会相应减少，最终导致销售收入的降低，使企业盈利总额下降。所以最高价格并不一定是企业达到最大盈利的良策。

追求企业的最大盈利应从两个方面考虑：首先，最大盈利应以企业长期稳定的总盈利为目标。企业应保证其产品定价必须为用户所接受，如果产品价格定得过高造成滞销，不仅追求最大盈利成为空话，而且会对企业的生存构成威胁。故而，只有当企业的产品在市场上处于绝对优势，如拥有专卖权或产品的信誉对用户有相当的影响力时，企业方可采用高价策略，以便尽可能在短期内获取高额利润。其次,最大盈利应以企业整体效益为评价基准。如企业的某种产品进入一个新的市场或企业向市场投放某种新产品时,为了尽快吸引用户、打开销路,企业可采用低价策略,有时为了提高市场占有率,在国家有关法律的范围内,甚至采取亏本策略,其目的都是压倒竞争对手,用短期的损失换取长期的盈利。

(2) 以获取投资收益为目标

投资收益率是指预期收益占投资的比重。投资收益率反映着投资效益。因此,定价时一般在总成本外加上一定比例的预期收益。预期投资收益率越大,产品价格越高,投资回收期也就越短,否则相反。确定投资收益率应遵循以下原则:投资收益应大于银行存款及其他有价证券的利率,投资收益应高于国家规定的投资收益指标。以投资收益率为定价目标,企业应具备一定的优越条件,如企业在该行业中处于主导地位或是产品属于独家经营,竞争对手无法与其抗衡,这样,企业才能达到其定价目的。

(3) 以提高市场占有率为目标

市场占有率是企业经营效果和产品竞争能力的综合反映。市场占有率的高低表现出该企业对市场需求和产品价格的控制能力,它是企业追求长期盈利的可靠保证。提高市场占有率比获取短期高额盈利更有深远意义。

(4) 以保证稳定价格为目标

当企业具有充分的后备资源和可观的产品产量,并打算长期在某一领域内经营,需要有一个稳定的市场时,可采用此种定价为目标。

(5) 以应付或防止竞争为目标

几乎所有企业对价格竞争最为敏感。因此,在制定产品价格之前,大多数企业都要广泛地收集资料、仔细研究,将本企业的产品和竞争对手的产品加以认真对比之后,再慎重地作出价格决策。一般采用如下方式:

① 以低于竞争对手的价格出售产品;

② 以与竞争对手相同的价格出售产品;

③ 以高于竞争对手的价格出售产品。

实际中企业究竟采用哪一种定价方式,则要看企业的具体情况。如果企业实力很强,具有充足的资源和独特的技术,产品质量优良,在顾客中享有很高的声誉,则可采用高于竞争对手的价格出售产品,以获取较高的利润。而实力较弱,资源和技术等有限的企业,只能采用低于竞争对手的价格或是最多与竞争对手相同的价格出售产品。采用此种定价方式,企业应抓住同行业对产品价格最有影响的企业为目标,一般自己先不对价格进行调整,而是根据主要竞争对手的价格变动,结合本企业的具体情况采取适当的对策,以应付同行业间的竞争。

## 1.2 模具及其价格基本知识

### 1.2.1 模具计价的内涵和意义

模具是生产各种工业产品的重要工艺装配,现代工业中 60%~90% 的产品要靠模具生产。随着现代工业发展和产品更新换代周期急剧缩短,模具的需求量大幅度增加,我国模具工业产值已紧随美国、日本之后位列世界第三。另一方面,我国对国外先进模具技术不断消化吸收,随着先进加工手段和 CAD/CAM/CAE 的普遍应用,我国模具工业水平与国外的差距愈来愈小,模具出口业务也日益增多。规范模具计价办法,准确计算模具的价格,不仅可以促进我国模具行业健康发展,而且有助于提高我国模具制造业进入国际市场的竞争力,它是模具供需双方都十分关心的重要问题。

模具价格是其价值的货币表现形式,科学、合理、迅速地计算和评估模具价格,是正确表现模具自身价值的重要手段,也是产品开发商亟待了解的重要信息。本书作者在广泛调研的基础上,结合长期积累的经验,总结出了几类模具价格的计算方法,这将为模具报价提供可靠基础,也可以为用作不同目的的模具价格评估提供计算依据。

应该指出的是,模具计价和模具报价有相当程度上的不同,模具计价是模具报价的重要依据;而模具报价是一项集技术、经验和市场信息于一体的综合性工作(见模具报价策略)。

模具的种类很多,按模具产值统计,目前冲压模和塑料模各占 40% 以上,但压铸模具发展迅猛。综合考虑制件特点、适用范围、设计和生产工艺特殊性等因素,本书选取小型冲压模具级进模精密冲模、中大型冲压模具、注塑模具等五大类为计价研究对象。根据其制件结构特点及模具设计、加工等要求分别论述各自的计算方法。至于其他类型的模具的计算,读者可以参照本书方法制定。

### 1.2.2 模具生产的一般过程和特点

#### 1.2.2.1 模具生产的一般过程

为全面了解模具计价所包含的项目,以下简要论述模具开发生产的过程和环节。

（1）技术开发

技术开发包括成形工艺分析及模具结构设计等过程。模具的开发有两种方式：① 包括模具设计和模具制造；② 只进行模具制造。客户自己设计模具或客户委托专门设计公司设计模具，模具制造厂家按照客户提供的设计图样进行模具制造。

按客户提供的完整CAD(2D或3D)产品图样进行模具计价、设计和制造，是模具厂家的基本职责，但本书建议将根据样品反求测绘及其CAD造型划归到产品设计中，因为它不属于模具设计范围，应另列单项，但现实情况中往往仍将测绘放在设计当中。

客户产品确定后，需根据产品的材质、形状、尺寸、批量等选取合适的成型方法以及模具类型并进行询价，模具厂家紧接着要进行工艺分析和工艺设计，进而进行模具的详细结构设计，最终生成装配图和零件图样以及明细表，作为采购和加工安排及加工编程的依据。

（2）坯料准备与外协准备

专业化生产方式是现代工业生产的重要特征，模具结构确定后，应尽可能考虑购买标准件或采用外协加工，缩短模具交货时间。例如，注塑模的模架国内都有标准化系列，有些专业化模架生产厂家还可为客户生产定制化模架，甚至为客户进行模具工作部件的初加工和半精加工。

坯料准备是为模具零件加工提供相应的坯料。模具材料的选用原则是：生产批量小的用廉价材料、易熔材料，如低熔点合金、铸铁、球铁、铝、预硬钢以及含有增强填料的塑料等；制件生产批量大的模具，多采用高耐磨材料，如各种合金工具钢、高速钢、硬质合金等。一副模具中不同功能的模板，所选用的材料也可能不同，当前我国模具行业已广泛采用国外进口坯料(如：SKD11、D2等)。

（3）加工制造

这里所说的加工是指模具制造主要承担厂家具体实施的加工，一般包括机加工、电加工、钳加工、试模。机加工包含各类机床切削加工，与模具计价密切相关的是要区分常规设备加工和数控设备加工，传统机加工比CNC机床加工的精度和效率都要差得多，因而其收费标准只有CNC机床加工的几分之一，甚至几十分之一。加工过程中根据加工工艺安排，有时要对材料进行热处理。钳加工包含型腔表面抛光处理、修模、模具的装配等。试模一般是必不可少的步骤。在加工过程中或加工完成后有时要对加工精度进行一些特殊的检验等。

（4）后续

后续过程，如包装、运输、售后服务等。

#### 1.2.2.2 当代模具生产的特点

由于先进的设计、加工技术等的普遍采用,模具工业已经呈现出许多新的特点,这些直接影响了模具计价的方法。加工模具主要部件的传统工艺流程已被先进的工艺流程所替代(详见各章节的工艺流程图),主要变化有以下几方面。

(1) 设计方面

随着计算机技术的普及,模具结构设计、3D 造型、二次开发的专用模具设计 CAD 软件、根据样品反求测绘(逆向工程)、自动加工编程以及工艺 CAE 分析模拟、企业内局域网络技术已得到广泛应用,采用 CAE 软件仿真确保模具设计的一次成功率和减少后续修模调试工作量已逐渐为企业所接受。

(2) 加工方面

高硬度条件下的精密加工技术已在模具行业中普遍应用,先进的高精度的数控加工(CNC 加工、线切割、电火花成型等)已成为模具加工的主要手段,国内先进企业可达总加工工时的 80% 以上。即使像级进模具的凸、凹模一类零件以及它们的精密拼块、镶嵌件等工作零件,也不需再进行配做,可直接采用高精度的加工机床制造,以达到互换性的精密要求。一些传统的普通加工方法已退居为非主要零件的辅助加工手段。

(3) 模具材料方面

近年来,由于模具材料市场开放,引进了一些国外性能优良的模具材料,也促进了国内模具材料生产技术的提高,一些性能优良的新型模具材料不断出现,材料价格也发生了较大的变动。模具标准化程度大大提高,除模具工作部件外,其他零件基本上实现了标准化和专业化生产。

(4) 模具生产的专业化倾向逐渐形成

模具品种规格繁多,批量小,多为单件生产。随着模具行业的竞争加剧,为了提高模具设计和制造水平,一般模具厂逐渐集中只生产某一类型相似的模具,模具的价格趋于合理。

### 1.2.3 模具价格计算公式

#### 1.2.3.1 模具价格的基本构成及计算公式

根据上述模具开发内容,模具的基本成本应由以下几部分组成:材料费、制造费、技术开发费(俗称设计费)、管理费、其他费用等。模具价格计算的通用公式如下:

$$P = M_1 + M_2 + M_3 + D + Q + R + T \tag{1.1}$$

式中：$P$——模具销售价格（Price），即模具的总价格（含税收价）；

$M_1$——材料费（Material Cost），包括原材料费及所有外购部分的价格；

$M_2$——制造费（Manufacturing Cost）；

$M_3$——管理费（Management Cost）；

$D$——技术开发费（Development Cost）；

$Q$——其他费用，如包装运输费、售后服务费、差旅费等由合同规定的费用；

$R$——利润（Return）；

$T$——税金（Tax）。

其中前4项为模具生产成本（不含利润、税收）：

$$P_c = M_1 + M_2 + M_3 + D \tag{1.2}$$

$P_c$加上$Q$即为销售成本价格，式(1.1)也可写成

$$P = P_c + Q + R + T$$

### 1.2.3.2 费用分解

（1）材料费

$$M_1 = m_{11} + m_{12} + m_{13} + m_{14} \tag{1.3}$$

式中：$m_{11}$——坯料费；

$m_{12}$——各种辅助材料费；

$m_{13}$——辅助部件购入费；

$m_{14}$——模具标准件费。

（2）制造费

$$M_2 = G_a + M_{HT} + U + E \tag{1.4}$$

式中：$G_a$——加工工时费，或称制造工费；

$M_{HT}$——热处理费（Heat Treatment Cost），其收费计算主要按吨位和热处理方式，附录2可以作为参考；

$U$——试模费（调试费），一般以3次为限，含设备使用费、试模材料费、运输费，由于此项费用计算方法和一般机加工不同，也可将其划归为"其他费用"类，或单列一类；

$E$——外委（外协）加工费。

$$G_a = m_{CM} + m_{CNC} + m_{EDM} + m_{WC} + m_{GR} + m_O \tag{1.5}$$

式中：$m_{CM}$——常规机加工费；

$m_{CNC}$——CNC机床加工费；

$m_{EDM}$——电火花成型加工费；

$m_{WC}$——线切割加工费;

$m_{GR}$——磨削加工费;

$m_O$——其他加工费。

上述制造费用包括模具零件和专用工具(如电极等)的制造费。$G_a$ 的特点是可以按工作小时数计算费用。

(3) 技术开发费

$$D = D_1 + D_2 + D_3 + D_4 + D_5 \tag{1.6}$$

式中:$D_1$——模具结构设计费用,包括成形工艺分析与模具结构设计费用;

$D_2$——产品和模具 3D 造型费;

$D_3$——CAM 编程费用,当前许多软件都提供了自动 CAM 编程及其模拟加工功能,但 CAM 工程师的经验对于选择合理的加工方式、加工参数等仍起重要作用,本书将其列入开发费;

$D_4$——检测费(包括根据样品反求测绘费和试模样品检测等);

$D_5$——计算机辅助工艺分析与成形过程分析。

需要指出的是,开发费是知识、经验、技术含量和工作量的综合体现,凡属国内首创、进口模具国产化,或者模具开发中运用了必需的新技术、新工艺、诀窍等,技术开发费就高;开发某一相同或系列产品的第一副模具时,技术开发费用应该较后续模具高一些,因为模具厂家承担了较大的风险并付出了较多的创造性劳动。

目前,常取制造工费的一定比例计算 $D$,在有充分原始积累数据的基础上,对类似模具的开发也可按照技术开发费的各项项目累计。

(4) 管理费

$M_3$ 包括管理摊派费用(即企业为管理和组织全厂生产所发生的各项费用)、商务费以及其他间接费用等。$M_3$ 的计算常采用材料费、制造费与技术开发费之和的一定比例计算。

(5) 其他费用

这部分费用需由双方商定,以合同方式确定,如产品的测量与建模费、模具的包装运输费、售后服务费、风险费、不可预见费等。

(6) 利润

定义成本利润率为 $p_r$(Profit Margin Rate)。利润率高低是由各企业在细分市场的地位所决定的,据调查,我国当前模具行业利润率一般在 10%~30% 之间。若采用独特工艺(包括新生工艺的采用),往往意味着大量的资本投资或者长期的知识积累、交叉知识的有效运用,其模具利润自然应偏高,各企业可根据市场的变化有针对性地自我调节。

(7) 税收

税率由国家的法规确定,定义增值税率为 $t_r$(Tax Rate)。目前我国模具行业取 17%,若材料费或劳务费是含税价,在计算税收时应予以扣除。

根据上述各项细分费用,总的模具销售价(含税价)为

$$P = (M_1 + M_2 + M_3 + D + Q)(1 + p_r)(1 + t_r) - t_r(M_1 + E) \quad (1.7)$$

## 1.2.4 模具价格的主要计算方法概述

### 1.2.4.1 制定模具价格计算方法的基本原则

(1) 计算方法应具有科学性,主要来源于理论计算,对于按实践中统计的数据必须经过验证后方可选用。

(2) 计算方法应具有适应性,因时间、地点、生产条件、材料价格等发生变化而改变的计算数据,要做到与时俱进和因地制宜,条件不同,模具价格理应存在差异。

(3) 计算方法应具有合理性、透明性和可解释性,本书中的计算方法是在公平交易的原则下提出的,各单位使用时要实事求是地计算和选取本单位的相关数据。

### 1.2.4.2 主要模具计价方法概述

本书选用的计算方法有以下 4 种。

(1) 工时技术参数计算法

从模具价格的基本构成可知,材料费和制造工费是模具价格的核心部分。在完成模具设计之前制造费很难逐项精确给出,工时技术参数计算法就是在大量经验积累和统计的基础上,科学提取产品和模具的关键技术参数,构造计算制造工费的方法和公式。它是本书重点采用的基本计算方法,该方法在各章节中具体分为:基点工时估算法、工时经验统计法、当量工时计算法。

(2) 材料比较计算法

此方法就是以材料费为计算基数,考虑各种条件变化对模具价格的影响,多数情况下是在大量统计数据的基础上,经过理论推导和实例验证总结出来的价格计算方法。本书介绍的此类方法有按材料费比例计算法和按材料重量(吨位单价)比例计算法(简称吨位计价法)两种。

对材料费用或材料重量进行估算,此方法主要应用对象为加工工时与材料重量有大致对应关系的模具,较适于尺寸比较大、加工工时较多且难以估算的情况。大型模具(如汽车模具)的计价,常以重量法为主,综合系数的确定按照一定的表格选取。为保证模具计价的准确性,每次材料调价后,需重新测算计算系数。也可以通过引入设定价格,将因材料价格变动导致的材料费的增减部分单独考虑,增强计价的科学性。

(3) 类比法

本书介绍的类比法与现行的普通类比法不同,该类比法是充分利用现代技术,在已生产过的各种典型模具价格计算的基础上,建立模具价格计算机辅助计算信息库,用制件自身的主要技术参数在相同挡位内进行类比,并按它们的比例关系进行快速逆运算计算出价格。这种类比法的计算准确度可保持与原模具的计算准确度一致,具体计算方法及要求见具体实例设定价格。此种方法不仅在实例模具方面可用,对其他类型的模具也适用,读者可根据该方法创建的原理、公式和具体创建过程及使用条件,将原有计算表格改造成与其类似的快速逆运算表格,经过多副模具印证无误后,即可使用。

(4) 成本逐项计算法

即将产品的生产分解为一系列阶段基本任务的方法来分别计算(可行性论证、产品定义、开发、生产、使用、售后服务),通过列出各项开支的详细清单进行计价。通过信息集成,模具开发前期的计价和周期预估要和后期生产、资金和人员安排密切挂钩,本方法就越显得重要。关键技术是按制造加工步骤,预计出各工序的工时数,各工序的工时数乘以各工序工时费并汇总而得到总加工费。估算工序工时的方法常有如下几种:

① 类比参考模具的各类加工工时台账;

② 加工工时公式法,按照切削原理进行;

③ 制造工费估算法,例如某模坯厂,按照型腔加工的大小、精度、类型,将价格和加工时间分类建立数据库,计价时分级查询即可;

④ CNC模拟法,如果模具型腔CAD模型已经获取,可以通过CAM软件仿真给出加工时间,在实际应用该法时,往往要将仿真所得加工时间乘以适当的经验系数才能符合实际。

## 1.2.5 模具计价方法的发展趋势

随着企业信息化水平的提升,国内外模具企业将更加重视成本逐项估算法,追求报价的精确化和对后续生产作业计划的可指导性。一般来说,报价分为最初报价、后续报价、补充报价三个阶段,不同报价阶段应采用不同的计价方法。对于有经验的模具设计师,在初期阶段,只要看清零件结构和尺寸,就可直接画出模具简图,给出材料及各种配件清单,材料价格可根据模具简图计算。计价所依据的信息越充分,计价也就越准确,成本逐项估算法越是应用在模具开发的后期阶段越准确。

本书所介绍的各种价格计算方法,无论在理论上还是具体参数的选择上,都有进一步完美和加强的必要。随着模具行业和企业价格数据的积累,通过计算机软件的二次开发,如各种类型模具的规范设计软件、各种加工工艺的仿真软件以及两种软件结合的加工仿真软件开发等,可以预料,一种根据制件的不同特点,既能结合各企业实际情况,又能真实体现具体加工工艺状况的模具价格计算方法一定会出现,并将最终成为模具制造、使用双方都不可或缺的管理手段。

## 1.3 模具报价策略及结算方式

### 1.3.1 模具报价策略

模具的报价与结算是模具估价后的延续和结果。从模具的估价到模具的报价,只是第一步,而模具的最终目的,是通过模具制造交付使用后的结算,形成最终模具的结算价。在这个过程里,人们总是希望,模具估价=模具报价=模具价格=模具结算价。而在实际操作中,这四个价并不完全相等,有可能出现波动误差值。这就是以下所要讨论的问题。当模具估价后,需要进行适当处理,整理成模具的报价,为签订模具加工合同做依据。通过反复洽谈商讨,最后形成双方均认可的模具价格,签订了合同,才能正式开始模具的加工。

(1) 模具估价与报价

模具估价后,并不能马上直接作为报价。一般说来,还要根据市场行情、客户心理、竞争对手、状态等因素进行综合分析,对估价进行适当的整理,在估价的基础上增加10%～30%,提高第一次报价。经过讨价还价,可根据实际情况调低报价。但是,当模具的商讨报价低于估价的10%时,需重新对模具进行改进细化估算,在保证保本有利的情况下,签订模具加工合同,最后确定模具加工价格。模具价格是经过双方认可且签订在合同上的价格。这时形成的模具价格,有可能高于估价或低于估价。当商讨的模具价格低于模具的保本价格时,需重新提出修改模具要求、条件、方案等,降低一些要求,以期可能降低模具成本,重新估算后,再签订模具价格合同。应当指出,模具是属于科技含量较高的专用产品,不应当用低价,甚至是亏本价去迎合客户。而是应该做到优质优价,把保证模具的质量、精度、寿命放在第一位,而不应把模具价格看得过重,否则,容易引起误导行为。追求模具低价,就较难保证模具的质量、精度、寿命。廉价一般不是模具行业之所为。但是,当模具的制造与制品开发生产是同一核算单位或是有经济利益关系时,在这种情况下,模具的报价应以其成本价作为报价。模具的估价仅估算模具的基本成本价部分,其他的成本费用、利润暂不考虑,待以后制品生产利润后再提取模具费附加值来作为补偿。但此时的报价不能作为真正的模具的价格,只能作为模具前期开发费用。今后,一旦制品开发成功,产生利润,应提取模具费附加值,返还给模具制造单位,两项合计,才能形成模具的价格。这时形成的模具价格,有可能会高于第一种情况下的模具价格,甚至回报率很高,是原正常模具价格的几十倍、数百倍不等。当然,也有可能回报率等于零。

(2) 模具价格的地区与时间差

这时还应当指出,模具的估价及价格,在各个企业、各个地区、国家,在不同的环境,其内涵是不同的,也就是存在着地区差和时间差。为什么会产生价格差呢?这是因为:一方面由于各企业、各地区、各国家的模具制造条件不一样,设备工艺、技术、人员观念、消费水准等各个方面的不同,产生的对模具的成本、利润目标等估算不同,因而产生了不同的模具价格差。一般是较发达的地区或科技含量高、设备投入较先进、比较规范大型的模具企业,他们的目标是质优而价高,而在一些消费水平较低的地区或科技含量较低、设备投入较少的中小型模具企业,其相对估算的模具价格要求低一些。另一方面,模具价格还存在着时间差,即时效差。不同的时间要求,产生不同的模具价格。这种时效差有两方面的内容:一是一副模具在不同的时间有不同的价格;二是不同的模具制造周期,其价格也不同。

(3) 模具报价单的填写

模具价格估算后,一般要以报价的形式向外报价。报价单的主要内容有:模具报价、周期、要求达到的模次(寿命)、对模具的详细技术要求与条件、付款方式及结算方式以及保修期等。

模具的报价策略正确与否,直接影响模具的价格,影响模具利润的高低,影响所采用的模具生产技术管理等水平的发挥,是模具企业管理的重要内容及是否成功的体现!

## 1.3.2 模具的结算方式

模具的结算是模具设计制造的最终目的。模具的价格也以最终结算的价格为准,即结算价才是最终实际的模具价格。

模具的结算方式从模具设计制造一开始,就伴随着设计制造的每一步,每道工序在运行、设计制造到什么程序,结算方式就进行到什么方式。待到设计制造完成交付使用,结算方式才完全终结,有时,甚至还会运行一段时间。所有设计制造中的质量问题最终全部转化到经济结算方面上来。可以说,经济结算是对设计制造的所有技术质量的评价与肯定。

结算的方式是从模具报价就开始提出的，以签订模具制造合同开始之日，就与模具设计制造开始同步运行。反过来说，结算方式的不同也体现了模具设计制造的差异和不同。结算方式，各地区、各企业均有不同，但随着市场经济的逐步完善，也形成了一定的规范和惯例，结算方式一般有以下几种：

(1)"五五"式结算

即模具合同签订开始之日，即预付模具价款的50%，余50%待模具试模验收合格后，再付清。

这种结算方式，在早期的模具企业中比较流行。它的主要特点如下：

① 50%的预付款一般不足于支付模具的基本制造成本，制造企业还要投入，也就是说，50%的预付款，还不能与整副模具成本运行同步。因此，对模具制造企业来说存在一定的投入风险。

② 试模验收合格后，即结算余款，主使得模具保修费用与结算无关。

③ 在结算50%余款时，由于数目款项较多，且模具已基本完工，易产生结算拖欠现象。

④ 万一模具失败，一般仅退回原50%预付款。

(2)"三四三"式结算

即模具合同签订生效之日，即预付模价款的30%，等参与设计会审，模具材料备料到位，开始加工时，再付40%模价款。余30%，等模具合格交付使用后，一周内付清。

这种结算方式，是目前比较流行的一种。这种结算方式的主要特点如下：

① 首期预付的30%模价款作为订金。

② 再根据会审，检查进度和可靠性，进行第二次40%的付款，加强了模具制造进度的监督。

③ 余款30%，在模具验收合格后，再经过数天的使用期后，结算余款这种方式，基本靠近模具设计制造使用的同步运行。

④ 万一模具失败，模具制造方除返还全部预付款外，还要加付赔偿金，赔偿金一般是订金的1~2倍。

(3) 提取制件生产利润的模具费附加值方式

即在模具设计制造时，模具使用方仅需投入小部分的款项以保证模具制造的基本成本费用(或根本无需支付模具费用)。待模具交付使用，开始制件生产，每生产一个制件提取一部分利润返还给模具制造方，作为模具费。这种方式把模具制造方和使用方有机地联系在一起，形成利润一体化，把投资风险与使用效益紧密地联系起来，把技术、经济、质量与生产效益完全地挂钩在一起，这样也最大限度地体现了模具的价值与风险。这种方式是目前一种横向联合的发展趋势。其主要特点是：充分发挥模具制造方和模具使用方的优势,资金投入比较积极合理。但对于模具制造方来说,其风险较大,但回报率也较为可观。

模具的结算方式还有很多,也不尽相同。但是都有一个共同点,即努力使模具的技术与经济指标有机地结合,产生双方共同效益,使得模具由估价到报价,由报价到合同价格,由合同价格到结算价格,即形成真正实际的模具价格。实行优质优价。努力把模具价格与国际惯例接轨。不断向生产高、精、优模具方向努力,形成共同良好的、最大限度的经济效益局面。这是模具设计制造使用的最终目标!

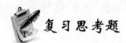
复习思考题

1. 当今市场上商品的价格是由哪几个部分构成的？商品价格的作用及种类有哪些？
2. 产品价格的制约因素主要有哪些？
3. 模具的价格由哪些构成？
4. 当代模具的特点有哪些？
5. 模具的价格主要受哪些因素的影响？
6. 当前模具价格估算的方法有哪些？
7. 模具价格的结算方式有哪些？

# 第 2 章　普通小型冲压模具计价方法

本章将主要介绍普通小型冲压模具(又称钢板模具,以下简称小型冲压模具)的两种较常用的价格计算方法——基点工时估算法和吨位计价法,然后详细介绍关于采用这两种计算方法的实例。

## 2.1　小型冲压模具概述

**1. 小型冲压模具的含义**

小型冲压模具是相对于大型冲压模具而言的,其体积(或规格)要比后者小,目前,模具企业一般以模具底板的半周长小于 1 400 mm 时,统称为小型冲压模具。

**2. 小型冲压模具的种类**

小型冲压模具根据工序类型的不同可分为单工序小型冲压模具和多工序小型冲压模具,单工序小型冲压模具包括落料模、冲孔模、成形模、压弯模、拉延模等;多工序小型冲压模具包括复合模、级进模等。本章前三节将重点介绍单工序小型冲压模以及较常见的小型复合模的计价方法,对于其他类型小型冲压模具的价格计算,可参考此类模具的价格计算原理和方法,进行适当调整。

**3. 小型冲压模具的制作工艺**

小型冲压模具与中、大型冲压模具除了在规格大小方面有所区别外,它们的结构与材质方面也不尽相同,所以在制造工艺上也存在着差异。小型冲压模具的常规制造工艺流程如图 2.1 所示。其中精加工的主要手段为数控加工、电火花加工和磨削(成形磨削、数控坐标磨削、光学曲线磨削)等。本章所涉及的关于小型模具价格计算的方法及参数值,是以其常规制造工艺为基础而设定的,对于采用其他特殊工艺方法制造的小型冲压模具,其价格计算中的有关参数要作相应的修正。

第 2 章 普通小型冲压模具计价方法

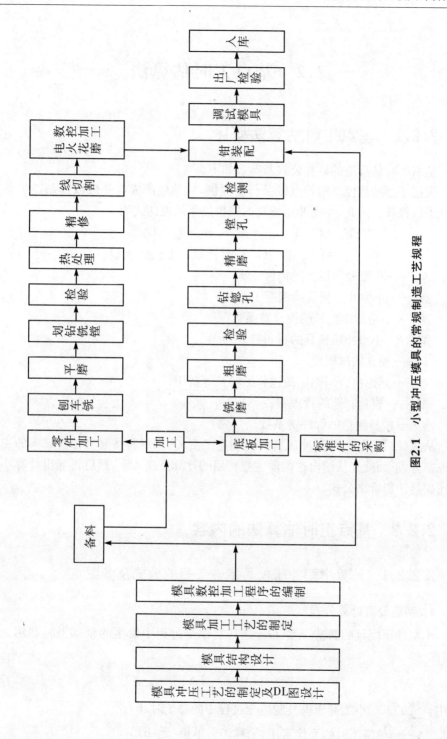

图 2.1 小型冲压模具的常规制造工艺规程

## 2.2 基点工时估算法

### 2.2.1 基点工时估算法概述

基点工时估算法的计算公式及参数如下。

根据小型冲压模具的特点以及行业惯例,它的生产成本一般以其制造工费为基准予以核算。因此,小型冲压模具的销售成本的表达式为

$$M_e = G_a(1+d) + M_1 + M_3 + Q + U$$
$$= [G_a(1+d) + M_1 + U](1+g) + Q \quad (2.1)$$

式中:$M_e$——小型冲压模具的销售成本;

$G_a$——小型冲压模具的制造工费;

$d$——小型冲压模具的设计费系数;

$M_1$——小型冲压模具的材料费;

$U$——模具的试模费;

$Q$——其他由合同确定的包装运输费等费用;

$M_3$——模具制造的管理费;

$g$——模具制造的管理费系数。

从式(2.1)可知,小型冲压模具的制造工费 $G_a$ 和材料费是其销售成本的主要组成部分,下面就先从给出这两项主要费用的计算公式入手,然后再导出计算小型冲压模具销售价格公式。

### 2.2.2 基点工时估算法的内容

#### 2.2.2.1 计算小型冲压模具制造工费的公式及参数

**1. 制造公费计算公式**

小型冲压模具的制造工费 $G_a$,是其制作全过程中发生的全部工时费用的总和,即

$$G_a = \sum TA \quad (2.2a)$$

式中:$\sum T$——小型冲压模具制造全过程中的总工时(h);

$A$——单位工时的平均费用,简称工时单价(元/h)。

模具的制造总工时 $\sum T$ 与冲模的类型、结构、规格、精度、凹(凸)模刃口带的周长以及模架外购或自制等因素直接相关。因此，可以得出如下估算小型冲压模具制造总工时的公式：

$$\sum T = T_0 K_{20} + \sum N_i \qquad (2.2b)$$

式中：$T_0$——小型冲压模具的制造基点工时(h，见表 2.1)；
$\quad\quad K_{20}$——基点工时修正系数(见表 2.2)；
$\quad\quad N_i$——小型冲压模具由于各种不同的因素所增加的工时(h)。

表 2.1 小型冲压模具的制造基点工时 $T_0$。 （单位：h）

| 模具类型 | 模具结构或冲件形状 | 63×50 $\Phi$63 | 80×63 $\Phi$80 | 100×80 $\Phi$100 | 125×100 $\Phi$125 | 160×125 $\Phi$160 | 200×160 $\Phi$200 | 250×160 $\Phi$250 | 315×200 $\Phi$315 | 400×315 $\Phi$400 | 500×400 $\Phi$500 |
|---|---|---|---|---|---|---|---|---|---|---|---|
| 落料模 | 固定卸料工件下漏 | 37 | 40 | 45 | 56 | 68 | 98 | 125 | 183 | 278 | 365 |
| | 弹压卸料工件下漏 | 41 | 43 | 49 | 60 | 72 | 105 | 131 | 191 | 285 | 373 |
| | 固定卸料工件下顶 | 43 | 46 | 53 | 65 | 76 | 110 | 138 | 199 | 298 | 388 |
| | 弹压卸料工件下顶 | 47 | 50 | 56 | 68 | 81 | 114 | 143 | 205 | 306 | 395 |
| | 凹模倒装工件上打 | 43 | 46 | 53 | 65 | 76 | 110 | 138 | 199 | 299 | 388 |
| | 平均值 $T_0'$ | 42 | 45 | 51 | 61 | 75 | 107 | 135 | 195 | 293 | 382 |
| 冲孔模 | 固定卸料工件下漏 | 38 | 40 | 46 | 56 | 68 | 98 | 126 | 185 | 278 | 369 |
| | 弹压卸料工件下漏 | 41 | 43 | 49 | 59 | 73 | 105 | 130 | 190 | 285 | 373 |
| | 弹压倒装工件上打 | 43 | 46 | 53 | 65 | 76 | 110 | 138 | 199 | 298 | 388 |
| | 工件上打废料下漏 | 47 | 50 | 56 | 67 | 80 | 113 | 143 | 202 | 303 | 391 |
| | 平均值 $T_0'$ | 42 | 45 | 51 | 62 | 74 | 107 | 134 | 194 | 291 | 380 |
| 复合模 | 倒装 | 56 | 59 | 66 | 77 | 91 | 126 | 157 | 235 | 326 | 428 |
| | 顺装 | 62 | 66 | 73 | 86 | 99 | 135 | 169 | 258 | 344 | 438 |
| | 平均值 $T_0'$ | 59 | 63 | 71 | 82 | 95 | 131 | 161 | 228 | 335 | 418 |
| 弯曲模 | V 形 | 27 | 31 | 35 | 38 | 41 | 48 | 53 | 63 | 73 | 90 |
| | U 形 | 41 | 43 | 48 | 51 | 59 | 69 | 79 | 88 | 99 | 108 |
| | 平均值 $T_0'$ | 34 | 37 | 43 | 45 | 50 | 59 | 66 | 76 | 86 | 99 |

续表

| 模具类型 | 模具结构或冲件形状 | 凹模周界(mm) | | | | | | | | |
|---|---|---|---|---|---|---|---|---|---|---|
| | | 63×50 | 80×63 | 100×80 | 125×100 | 160×125 | 200×160 | 250×200 | 315×315 | 400×400 | 500×400 |
| | | $\Phi63$ | $\Phi80$ | $\Phi100$ | $\Phi100$ | $\Phi160$ | $\Phi200$ | $\Phi250$ | $\Phi315$ | $\Phi400$ | $\Phi500$ |
| 拉延模 | 圆形落料拉延 | 40 | 41 | 43 | 47 | 53 | 59 | 68 | 81 | 106 | 121 |
| | 矩形拉延 | 57 | 62 | 68 | 79 | 93 | 113 | 153 | 201 | 258 | 325 |
| | 平均值 $T_0'$ | 49 | 50 | 56 | 63 | 73 | 86 | 111 | 141 | 182 | 223 |

注：模具规格栏括号中的圆形件基点工时参考表2.2修正。

表2.2 基点工时修正系数 $K_{20}$

| 系数 | 非冲裁模或非圆形冲裁模 | 圆形件冲裁模凹模周界(mm) | | | | | | | | |
|---|---|---|---|---|---|---|---|---|---|---|
| | | $\Phi63$ | $\Phi80$ | $\Phi100$ | $\Phi125$ | $\Phi160$ | $\Phi200$ | $\Phi250$ | $\Phi315$ | $\Phi400$ | $\Phi500$ |
| $K_{20}$ | 1.00 | 0.74 | 0.73 | 0.70 | 0.66 | 0.61 | 0.50 | 0.45 | 0.37 | 0.30 | 0.28 |

由式(2.2b)可知，模具制造的总工时由基点工时和因相关因素增加的工时两部分组成。其中影响制造总工时的主要因素有六项，称之为因素工时，分别以 $N_1$，$N_2$，$N_3$，$N_4$，$N_5$，$N_6$ 来表示，其中：

$N_1$——冲裁件周长因素工时(h)；

$N_2$——自制铸铁标准底板模架的因素工时(h)；

$N_3$——自制钢底板模架的因素工时(h)；

$N_4$——采用线切割机床加工的因素工时(h)；

$N_5$——多孔冲孔模的因素工时(h)；

$N_6$——复合模各种型孔的因素工时(h)。

**2. 制造工费计算公式中的参数**

(1) 工时单价 $A$

工时单价 $A$ 是将完全成本中的原材料费、设计费、试模费、销售费用等非制造费用除去后的非完全成本与制造过程中实际发生的所有工时之和的比值。

由于小型冲压模具的类型很多，而且模具的结构、规格、精度等也不尽相同，所以工时单价 $A$ 的数值在不同类别、规格、精度的模具上也应有所区别。据调查，小型模具的工时单价一般为80～100元/h。

(2) 小型冲压模具的制造基点工时 $T_0$

基点工时的含义：常见典型结构类型的模具，按全国平均先进水平制造的工时称为基点工时，这里用 $T_0$ 表示，$T_0$ 因模具结构、规格的不同而不同，详见表2.1。

在表 2.1 中：
① 矩形凹模模板周界以"长×宽"表示，圆周界以"直径"表示；
② 各类模具的基点中均不含模架工时；
③ 各类模具的基点工时，均是以其凸、凹模型面采用电火花、线切割加工为基础条件而设定的，若采用磨削或数控加工，其值要作修正。

(3) 基点工时修正系数 $K_{20}$

由于表 2.1 中所列关于冲裁模的基点工时，均为非圆形件冲裁模的基点工时，而在多数情况下，圆形件冲裁模具要比同类型、同结构、同规格的非圆形件冲裁模在生产中所消耗的工时要少，所以圆形件冲裁模的基点工时需要在表 2.1 中相应的基点工时的基础上通过系数 $K_{20}$ 修正后得到。基点工时修正系数 $K_{20}$ 的值详见表 2.2。

(4) 冲裁件周长因素工时 $N_1$

对于两套同类型、同结构、同规格的冲裁模而言，他们的基点工时是完全相同的，但他们冲裁的周长却不一定相等，那么他们的制造中工时 $\sum T$ 也不一定相等，这时就要引入冲裁件周长因素工时 $N_1$。表 2.1 中关于各规格冲裁模的基点工时，均是以冲裁某一固定的周长为基础条件而设定的。这里，将这一固定周长称为周长基数。因此，在冲裁实际周长大于周长基数时均要予以修正。因素工时 $N_1$ 的计算公式如式(2.3)所示：

$$N_1 = T_0 K_{20} K_{21}(Z/Z_0 - 1) \tag{2.3}$$

式中：$K_{21}$——冲裁周长因素工时的系数(见表 2.3)；

$Z$——冲裁实际周长(mm)；

$Z_0$——冲裁周长基数(mm，见表 2.3)。

表 2.3 系数 $K_{21}$ 和周长基数 $Z_0$

| 凹模周界 (mm) | | 63×50 | 80×63 | 100×80 | 125×100 | 160×125 | 200×160 | 250×200 | 315×250 | 400×315 | 500×400 |
|---|---|---|---|---|---|---|---|---|---|---|---|
| | | Φ63 | Φ80 | Φ100 | Φ125 | Φ160 | Φ200 | Φ250 | Φ315 | Φ400 | Φ500 |
| $Z_0$(mm) | | 60 | 90 | 120 | 200 | 300 | 420 | 560 | 740 | 1 000 | 1 360 |
| $K_{21}$ | 圆形件 | 0.28 | 0.32 | 0.38 | 0.45 | 0.50 | 0.52 | 0.54 | 0.56 | 0.58 | 0.60 |
| | 非圆形件 | 0.30 | 0.34 | 0.40 | 0.48 | 0.53 | 0.55 | 0.57 | 0.60 | 0.62 | 0.64 |

(5) 自制铸铁标准底板模架的因素工时 $N_2$

由于表 2.1 中所列举的各类模具的基点工时均不含模架制造工时，所以当自制铸铁标准模架时需要增加一部分相应的工时，即自制铸铁标准底板模架的因素

工时 $N_2$,$N_2$ 的计算公式如下:
$$N_2 = T'_0 K_{22} \tag{2.4}$$
式中:$T'_0$——各种结构或各种冲件形状的同类型模具的基点工时平均数值(见表 2.1);

$K_{22}$——自制铸铁底板模架因素工时系数(见表 2.4)。

表 2.4 系数 $K_{22}$

| 凹模周界 (mm) | 63×50 | 80×63 | 100×80 | 125×100 | 160×125 | 200×160 | 250×200 | 315×250 | 400×315 | 500×400 |
|---|---|---|---|---|---|---|---|---|---|---|
| $K_{22}$ | 0.058 | 0.058 | 0.058 | 0.058 | 0.064 | 0.064 | 0.064 | 0.070 | 0.070 | 0.070 |

(6) 自制钢底板模架的增加工时 $N_3$

由于表 2.1 中所列举的各类模具的基点工时均不含模架制造工时,所以当自制钢底板模架时,需增加一部分相应的工时,即自制钢底板模架的增加工时 $N_3$,$N_3$ 的计算公式如下:
$$N_3 = T'_0 K_{23} \tag{2.5}$$
式中:$K_{23}$——自制钢底板模架因素工时系数(见表 2.5)。

表 2.5 系数 $K_{23}$

| 凹模周界 (mm) | 63×50 | 80×63 | 100×80 | 125×100 | 160×125 | 200×160 | 250×200 | 315×250 | 400×315 | 500×400 |
|---|---|---|---|---|---|---|---|---|---|---|
| $K_{23}$ | 0.38 | 0.37 | 0.35 | 0.31 | 0.28 | 0.20 | 0.17 | 0.13 | 0.10 | 0.07 |

(7) 采用慢走线切割机床加工的因素工时 $N_4$

在模具制造过程中,当快走丝线切割机床的加工精度达不到模具的精度要求时,就要采用高精度慢速走丝线切割机床加工,而后者的切割效率比前者的切割效率要低。因此,在采用慢速走丝线切割加工时,需要相应地增加加工工时,记为因素工时 $N_4$,$N_4$ 的计算公式如下:
$$N_4 = T_0 K_{20} K_{24} \tag{2.6}$$
式中:$K_{24}$——采用慢速走丝线切割机床加工的因素工时系数(见表 2.6)。

表 2.6 系数 $K_{24}$

| 凹模周界(mm) | 63×50 | 80×63 | 100×80 | 125×100 | 160×125 | 200×160 | 250×200 | 315×250 | 400×315 | 500×400 |
|---|---|---|---|---|---|---|---|---|---|---|
| | Φ63 | Φ80 | Φ100 | Φ125 | Φ160 | Φ200 | Φ250 | Φ315 | Φ400 | Φ500 |
| $K_{24}$ 圆形冲件 | 0.59 | 0.68 | 0.81 | 0.95 | 1.06 | 1.01 | 1.14 | 1.19 | 1.23 | 1.27 |

(8) 多孔冲孔模的因素工时 $N_5$

由于表 2.1 中所列举的冲孔模的基点工时,是以冲其中 1 个相应直径大小的孔为前提而设定的。当冲孔模所冲的孔多于 1 个时,其制造总工时将随孔数的增多而增加,这时就要引入多孔冲孔模的因素工时 $N_5$,$N_5$ 的计算公式如下:

$$N_5 = \sum t_i - T_0 K_{21} \tag{2.7}$$

式中:$t_i$——各种孔的单孔工时(h,见表 2.7);

$\sum t_i$——所有孔的工时之和(h);

$T_0 K_{21}$——所选取的用来确定基点工时的孔的工时(h)。

表 2.7 各种孔的单孔工时 $t$

| 孔的规格 | 圆孔直径(mm) | | | | | | 非圆孔周长(mm) | | | | | |
|---|---|---|---|---|---|---|---|---|---|---|---|---|
| | ≤Φ6 | Φ6~12 | Φ12~16 | Φ16~20 | Φ20~25 | Φ25~30 | ≤60 | 60~80 | 80~100 | 100~150 | 150~200 | 200~250 | 250~300 |
| $t$ | 4 | 4.5 | 6 | 7.5 | 8.5 | 9 | 13.5 | 15 | 17.5 | 22.5 | 24 | 32 | 36 |

(9) 复合模冲各种型孔的基点工时 $N_6$

由于表 2.1 中所列举的复合模的基点工时未含冲孔工时,因此,在计算复合模的制造总工时 $\sum t_i$ 时,需将复合模内所有冲孔的工时逐个累加于它的基点工时之中,这时就要引入复合模内冲各型孔的因素工时 $N_6$,$N_6$ 的计算公式如下:

$$N_6 = \sum t_i \tag{2.8}$$

式中:$t_i$——各种孔的单孔工时(h,见表 2.7);

$\sum t_i$——所有孔的工时之和(h)。

#### 2.2.2.2 计算小型冲压模具材料费的公式及参数

小型冲压模具的材料费由两部分费用构成,其中一部分为标准件(含标准模架)的采购费;另一部分为凸模、凹模板、固定板、垫板、卸料板等原材料费。由于小型冲压模具自身特点的原因,其材料费在其生产成本中所占的比例较小,约为生产成本的 20%～25%,对于小型冲压模具中规格偏小的模具,其材料费可按此比例予以估算。对于小型冲压模具中规格偏大的或主要零件的材质为硬质合金的模具,其原材料费就要按模具零件的坯料重量来计算,计算公式如下:

$$M_1 = \sum 1.3 V_i \rho_i \times 10^{-3} @_1 + \sum @_0 \tag{2.9}$$

式中:$M_1$——小型冲压模具材料费的计算价(元);

$V_i$——所用各种模具钢材的体积($cm^3$);

$\rho_i$——各种模具钢材的密度($kg/m^3$);

$@_1$——所用各种模具钢材的单价(元/kg);

$\sum @_0$——所用标准模架及标准件的总价(元)。

小型冲压模具的结构多为典型结构,因此,利用式(2.9)计算冲压的材料费时,即使是在已有了模具图样的情况下,也无需将其所有零件的体积累加起来,而只需将其影响材料总重的主要零件予以粗算即可,因为普通小型冲压模型的材料费在生产成本中所占的比例较小,即使粗算也不会对其总价格有多大影响。

#### 2.2.2.3 计算小型冲压模具销售价格的公式及参数

综上所述,可以得出小型冲压模具的销售价格表达式:

$$P = M_c + R + T$$
$$= [G_a(1+d) + M_1 + U](1+g) + Q + R + T$$

式中:$P$——模具销售价格;

$Q$——其他费用,包括模具的包装费、运输费、运输中的保险费等;

$R$——利润;

$T$——应缴增值税。

如果将上式中的利润 $R$、税金 $T$ 分别以成本利润率 $p_r$、税率 $t_r$ 来体现,那么就可以得到如下计算模具销售价格 $P$ 的公式:

$$P = \{[G_a(1+d) + M_1 + U](1+g) + Q\}(1+p_r)(1+t_r) \tag{2.10}$$

式中:$d$——模具设计费系数(见表2.8);

$p_r$——成本利润率(见表2.9);

$t_r$——税率(见表2.9);

$g$——管理费系数(见表2.9)。

表 2.8 小型冲压模具设计费系数 $d$

| 设计分类 | 审核模具图样 | 依冲件图或数模设计模具 | 依冲件样品设计模具 |
| --- | --- | --- | --- |
| $d$ | 0.02～0.03 | 0.08～0.10 | 0.12～0.15 |

在表2.8中,"审核模具图样"指对模具用户提供的模具设计图样,"依冲件样品设计模具"的系数内包含了测绘冲件样品的因素。

表2.9  小型冲压模具的成本利润率、税率、管理费系数

| 成本利润率 $p_r$ | 税率 $t_r$ | 管理费系数 $g$ |
|---|---|---|
| 20%～30% | 17% | 5%～8% |

#### 2.2.2.4  计算小型冲压模具价格的步骤

综前所述,计算小型冲压模具价格的公式共计有三组,即:
(1) 计算制造工费:式(2.2a)、式(2.2b);
(2) 计算材料费:式(2.9);
(3) 计算销售价格:式(2.10)。

计算销售价格 $P$ 的参数共有8个:制造工费 $G_a$、材料费 $M_1$、设计费系数 $d$、试管费 $U$、管理费系数 $g$、其他费用 $Q$、成本利润率 $p_r$ 和税率 $t_r$。在这8个参数中,制造工费 $G_a$ 和材料费 $M_1$ 通过计算求取,而其余的6个参数只需直接赋值即可。

计算小型冲压模具的销售价格 $P$ 时,通常需要经过以下三个步骤。

**第一步:计算小型冲压模具的工费 $G_a$**

(1) 根据模具类型、模具结构或弯曲模及拉伸模的冲件形状、凹模板周界尺寸由表2.1确定基点工时 $T_0$ 的值;
(2) 根据圆形件冲裁模的凹模板周界尺寸,由表2.2选取基点工时修正系数 $K_{20}$ 的值;
(3) 列出需增加工时的相关因素,依据式(2.3)～式(2.8),分别确定各因素工时 $N_1$～$N_6$,然后逐一累加计算因素工时;
(4) 依据式(2.2b)计算制造总工时 $\sum T$ 的值;
(5) 确定工时单价 $A$ 的值;
(6) 依据式(2.2a)计算制造工费 $G_a$ 的值。

**第二步:计算小型冲压模具的材料费 $M_1$**

(7) 估算模具的总体积 $V$(不含模架);
(8) 确定所用模具钢的综合单价;
(9) 累计外购标准模架及标准件的总价;
(10) 依据式(2.9)计算原材料 $M_1$ 的值;

**第三步:计算小型冲压模具的销售价格 $P$**

(11) 由表2.8选取设计费系数 $d$ 的值;

(12) 由表 2.9 选取成本利用率 $p_r$ 和税率 $t_r$ 的值;

(13) 按实际发生费用确定试模费 $U$ 和其他费 $Q$;

(14) 依据式(2.10)计算销售价格 $P$ 的值。

### 2.2.3 基点工时估算法的计算实例

参见 2.4.1~2.4.3 节计价实例 1~3 中的 1。

## 2.3 吨位估算法

### 2.3.1 吨位估算法概述

吨位估算法又称重量估算法。顾名思义,它是一种将模具的销售成本按照一定比例分解到模具重量中,并以模具重量和单位重量价格(又称含金额度,单位万元/t,记作 $A_0$)作为主要价格要素来计算模具价格的方法。它具有简单、快捷的特点,适应当今某些制品的模具报价批量大、周期短的特点,是最常用的报价方法之一。

### 2.3.2 吨位估算法的内容

小型冲压模具的工艺较典型,可选性不大,结构较简单且很常见,故"模具结构"与"冲压工艺"这两个因素对 $A_0$ 值的影响较小,可以不予考虑,这也是和中、大型冲压模具的主要区别之一。制件的形状复杂,模具材料显然影响单位重量的加工和材料费用。此外,制件厚度对 $A_0$ 值的影响尤为突出,它也是直接影响模具材料类型的主要因素,从而影响加工难度(比如热处理的方式及难度、加工设备的刀具选择等等),最终对模具价格产生较大影响。由此,本书选取上述三个特征为计价系数,故有

$$\begin{aligned} P &= WA_0(1+K_1+K_2+K_3)(1+g)(1+p_r)(1+t_r) \\ &= V^\rho K_w A_0(1+K_1+K_2+K_3)(1+g)(1+p_r)(1+t_r) \\ &= LBH^\rho K_w A_0(1+K_1+K_2+K_3)(1+g)(1+p_r)(1+t_r) \end{aligned} \quad (2.11)$$

式中:$P$——模具销售价格(万元);

$W$——模具实体重量(t);

$K_w$——模具实体重量系数；

$\rho$——模具材料的密度(kg/m³)；

$A_0$——重量的含金额度(即吨价,万元/t)；

$L$——模具的长度(m)；

$B$——模具的宽度(m)；

$H$——模具的闭合高度(m)；

$K_1$——制件的形状复杂系数；

$K_2$——模具材料系数；

$K_3$——制件厚度系数；

$g, p_r, t_r$——含义同前。

以下对各主要因素进行说明。

(1) 模具销售价格 $P$

以模具重量和单位重量价格作为价格要素估算的模具销售价格,模具的设计开发费、材料费、加工制造的费用都包含在重量的含金额度(即吨价 $A_0$)中。

(2) 模具实体重量 $W$

这里所说的模具实体重量,是指在没有设计制造前,通过零件尺寸以及设计制造经验估算的模具尺寸计算的实体重量。公式如下：

$$W = LBH\rho K_w \tag{2.12}$$

因为模具的尺寸是估算的,在估算时已经对整个模具的尺寸进行了放量,故在公式中不用再考虑放量问题。

(3) 模具实体重量系数 $K_w$

由于模具本身并不是轮廓尺寸包含的实体,有些地方是空开的,所以,在计算模具实体重量时要乘以一个系数,该系数即为模具重量实体系数 $K_w$,且 $0.6 \leqslant K_w \leqslant 1.0$。

(4) 模具材料的密度 $\rho$

模具制造常用的材料有 45 钢、T10A、Cr12MoV 等模具钢,以及 HT250、HT300 等铸造材料,其密度都与铁的密度非常接近,所以在计算公式中模具材料的密度 $\rho$ 取 7 850 kg/m³。

(5) 模具重量的含金额度 $A_0$

模具重量的含金额度即吨价,它是设计、制造、装配、调试、运输、售后服务等所有费用分解到单位重量中的量化体现。在不同的国家、不同的企业,由于加工制造的手段、模具原材料等方面的不同,其 $A_0$ 值也不同；此外,模具的种类不同,其 $A_0$ 值肯定不一样,如一般成形类模具的 $A_0$ 值就比修冲类模具的 $A_0$ 值大,其具体取值大小有赖于经验积累。

(6) 制件的形状复杂系数 $K_1$、材料系数 $K_2$、厚度系数 $K_3$

制件的形状复杂程度、制件材料以及制件板料厚度都会对模具的计价产生显著影响,根据经验,相关参数见表 2.10～表 2.12。

表 2.10 制件的形状复杂系数 $K_1$

| 类型<br>明细 | 冲裁类 | | 成形类 | |
|---|---|---|---|---|
| | 平面制件 | 立体制件 | 一般成形制件 | 拉延成形制件 |
| $K_1$ | 0 | 0.1～0.3 | 0.1～0.2 | 0.3 |

表 2.11 模具材料系数 $K_2$

| 类型及<br>明细 | 冲裁类 | | | 成形类 | | 拉延类 | |
|---|---|---|---|---|---|---|---|
| 选用<br>材料 | 45钢 | T10A | CH-1、<br>Cr12MoV | CH-1、<br>T10A | Cr12、<br>Cr12MoV | HT300 | MoC 铸铁 |
| $K_2$ | 0 | 0.03 | 0.05 | 0.05 | 0.1 | 0.05 | 0.1 |

表 2.12 制件材料厚度系数 $K_3$

| 材料制件厚度 $t$(mm) | $K_3$ |
|---|---|
| $t<1$ | 0.2 |
| $1 \leqslant t \leqslant 2$ | 0 |
| $2<t \leqslant 6$ | 0.2 |
| $6<t$ | 0.3 |

(7) 税率 $t_r$、成本利润率 $p_r$

税率、成本利润率是模具厂家通常选用的参数,也是模具价格的重要组成部分,两个参数的选取详见表 2.9。

### 2.3.3 吨位估算法的计算实例

参见 2.4.1～2.4.3 节计价实例 1～3 中的 2。

## 2.4 小型冲压模具计价实例(含基点工时估算法及吨位估算法)

### 2.4.1 计价实例1(盖板落料冲孔模)

盖板落料冲孔模的制件及模具的相关信息见表2.13,制件图和模具外形如图2.2所示。

表2.13 实例1制件及模具相关信息　　　　　（单位:mm）

| 制件名称 | 制件材料 | 制件厚度 | 制件周长 | 模具尺寸 | 模具类型 |
|---|---|---|---|---|---|
| 盖板 | ST14-ZF | 1.5 | 1 068.8 | 800×520×325 | 落料冲孔模 |

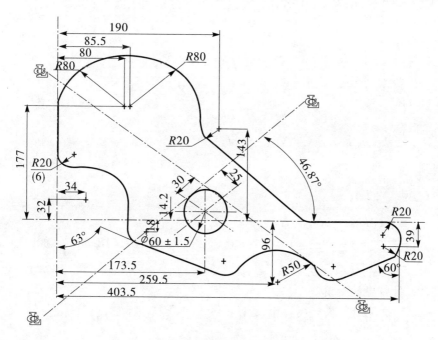

(a) 工序制件图

图2.2 实例1工序制件图及模具外形图

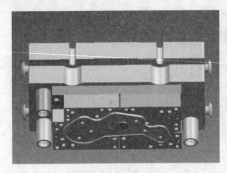
(b) 模具上模部分

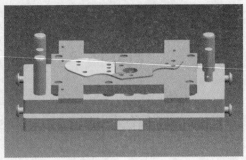
(c) 模具下模部分

图 2.2(续)

## 1. 基点工时估算法

(1) 工费的计算

将 $T_0 = 235, K_{20} = 1, K_{21} = 0.62, Z = 1\,268.8$ mm, $Z_0 = 1\,000$ mm, $T_0' = 228$ h, $A = 80$ 元/h, $K_{22} = 0.07, \sum t_i = 13.5$ h 分别代入以下公式：

$$G_a = \sum TA$$
$$\sum T = T_0 K_{20} + \sum N_i$$
$$N_1 = T_0 K_{20} K_{21}(Z/Z_0 - 1)$$
$$N_2 = T_0' K_{22}$$
$$N_6 = \sum t_i$$

可得到

$$\begin{aligned}
G_a &= \sum TA \\
&= [T_0 K_{20} + (N_1 + N_2 + N_6)]A \\
&= [235 \times 1 + (235 \times 1 \times 0.62 \times 0.268 + 228 \times 0.07 + 13.50)] \times 80(元) \\
&= 2.43(万元)
\end{aligned}$$

(2) 材料费的计算

$$M_1 = \sum 1.3 V_i \rho_i \times 10^{-3} @_1 + \sum @_0 = 0.31(万元)$$

(3) 销售价格的计算

将 $d = 0.1, U = 0.16, Q = 0, g = 5\%, p_r = 20\%, t_r = 17\%$ 代入式(2.10)，可以得到

$$P = \{[G_a(1+d) + M_1 + U](1+g) + Q\}(1+p_r)(1+t_r)$$
$$= (2.43 \times 1.1 + 0.31 + 0.16) \times 1.05 \times 1.2 \times 1.17 (万元)$$
$$= 4.63 (万元)$$

**2. 吨位估算法**

将 $L = 800$ mm, $B = 520$ mm, $H = 325$ mm, $\rho = 7.85 \times 10^{-9}$ t/mm³, $K_w = 0.7$, $A_0 = 4.2$ 万元/t, $K_1 = 0$, $K_2 = 0.03$, $K_3 = 0$, $g = 5\%$, $p_r = 20\%$, $t_r = 17\%$ 代入式(2.11),得到

$$P = WA_0(1 + K_1 + K_2 + K_3)(1+g)(1+p_r)(1+t_r)$$
$$= V\rho K_w A_0(1 + K_1 + K_2 + K_3)(1+g)(1+p_r)(1+t_r)$$
$$= LBH\rho K_w A_0(1 + K_1 + K_2 + K_3)(1+g)(1+p_r)(1+t_r)$$
$$= 800 \times 520 \times 325 \times 7.85 \times 10^{-9} \times 0.7 \times 4.2 \times 1.03 \times 1.05 \times 1.2 \times 1.17 (万元)$$
$$= 4.74 (万元)$$

### 2.4.2 计价实例2(灯罩支架翻边成形模)

灯罩支架翻边成形模的制件和模具外形如图2.3所示,制件及模具的相关信息见表2.14。

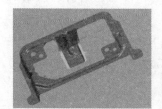  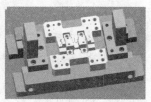

(a) 工序制件图　　　　　(b) 模具上模部分　　　　(c) 模具下模部分

图2.3　实例2工序制件图及模具外形图

表2.14　实例2制件及模具相关信息　　　　　　　（单位:mm）

| 制件名称 | 制件材料 | 制件料厚 | 制件周长 | 模具尺寸 | 模具类型 |
|---|---|---|---|---|---|
| 灯罩支架 | JSC270C | 0.6 | 886 | 580×315×260 | 翻边成形模 |

**1. 基点工时估算法**

(1) 制造工费的计算

将 $T_0 = 79$ h, $K_{20} = 1$, $T_0' = 66$ h, $A = 100$ 元/h, $K_{22} = 0.064$ 分别代入以下公式:

$$G_a = \sum TA$$
$$\sum T = T_0 K_{20} + \sum N_i$$
$$N_2 = T_0' K_{22}$$

可以得到

$$\begin{aligned}G_a &= \sum TA \\ &= (T_0 K_{20} + \sum N_i)A \\ &= (T_0 K_{20} + N_2)A \\ &= (79 \times 1 + 66 \times 1 \times 0.064) \times 100 (元) \\ &= 0.83 (万元)\end{aligned}$$

(2) 材料费的计算

$$\begin{aligned}M_1 &= \sum 1.3 V_i p_i \times 10^{-3} @_1 + \sum @_0 \\ &= 0.38 (万元)\end{aligned}$$

(3) 销售价格的计算

将 $d = 0.1, U = 0.32, Q = 0, g = 0.05, p_r = 20\%, t_r = 17\%$ 代入式(2.10),得到

$$\begin{aligned}P &= \{[G_a(1+d) + M_1 + U](1+g) + Q\}(1+p_r)(1+t_r) \\ &= [0.83 \times (1+0.1) + 0.38 + 0.32] \times (1+0.05) \times (1+0.2) \times (1+0.17) \\ &\quad (万元) \\ &= 2.38 (万元)\end{aligned}$$

**2. 吨位估算法**

将 $L = 580$ mm, $B = 315$ mm, $H = 260$ mm, $\rho = 7.85 \times 10^{-9}$ t/mm³, $K_w = 0.8$, $A_0 = 4.2$ 万元/t, $K_1 = 0.2, K_2 = 0.05, K_3 = 0.2, g = 5\%, p_r = 20\%, t_r = 17\%$ 代入公式(2.11),得到

$$\begin{aligned}P &= WA_0(1+K_1+K_2+K_3)(1+g)(1+p_r)(1+t_r) \\ &= V\rho K_w A_0(1+K_1+K_2+K_3)(1+g)(1+p_r)(1+t_r) \\ &= LBH\rho K_w A_0(1+K_1+K_2+K_3)(1+g)(1+p_r)(1+t_r) \\ &= 580 \times 315 \times 260 \times 7.85 \times 10^{-9} \times 0.8 \times 4.29 \times 1.45 \times 1.05 \times 1.2 \times 1.17 \\ &\quad (万元) \\ &= 2.74 (万元)\end{aligned}$$

## 2.4.3 计价实例3(灯罩支架拉延模)

灯罩支架拉延模的制件图和模具外形如图2.4所示,制件及模具的相关信息见表2.15。

(a) 工序制件图　　　　(b) 模具上模部分　　　　(c) 模具下模部分

图2.4　实例3工序制件图和模具外形图

表2.15　实例3制件及模具相关信息　　　　　　　　(单位:mm)

| 制件名称 | 制件材料 | 制件料厚 | 制件周长 | 模具尺寸 | 模具类型 |
|---|---|---|---|---|---|
| 灯罩支架 | JSC270C | 0.6 | 1 140 | 580×400×290 | 拉延模 |

**1. 基点工时估算法**

(1) 工费的计算

将 $T_0 = 201\ \text{h}, K_{20} = 1, A = 100\ 元/\text{h}$,分别代入以下公式:

$$G_a = \sum TA$$
$$\sum T = T_0 K_{20} + \sum N_i$$

可以得到

$$\begin{aligned}
G_a &= \sum TA \\
&= (T_0 K_{20} + \sum N_i) A \\
&= T_0 K_{20} A \\
&= 201 \times 1 \times 100(元) \\
&= 2.01(万元)
\end{aligned}$$

(2) 材料费的计算

$$\begin{aligned}
M_1 &= \sum 1.3 V_i p_i \times 10^{-3} @_1 + \sum @_0 \\
&= 0.38(万元)
\end{aligned}$$

(3) 销售价格的计算

将 $d=0.1, U=0.32, Q=0, g=0.05, p_r=20\%, t_r=17\%$ 代入式(2.10),可以得到

$$P = \{[G_a(1+d)+M_1+U](1+g)+Q\}(1+p_r)(1+t_r)$$
$$= [2.01\times(1+0.1)+0.38+0.32]\times(1+0.05)\times(1+0.2)\times(1+0.17)(万元)$$
$$= 4.29(万元)$$

**2. 吨位估算法**

将 $L=580\text{ mm}, B=400\text{ mm}, H=290\text{ mm}, \rho=7.85\times10^{-9}\text{ t/mm}^3, K_w=0.8, A_0=4.5$ 万元/t, $K_1=0.3, K_2=0.05, K_3=0.2, g=5\%, p_r=20\%, t_r=17\%$,代入公式(2.11),得到

$$P = WA_0(1+K_1+K_2+K_3)(1+g)(1+p_r)(1+t_r)$$
$$= V\rho K_w A_0(1+K_1+K_2+K_3)(1+g)(1+p_r)(1+t_r)$$
$$= LBH\rho K_w A_0(1+K_1+K_2+K_3)(1+g)(1+p_r)(1+t_r)$$
$$= 580\times400\times290\times7.85\times10^{-9}\times0.8\times4.5\times1.55\times1.05\times1.2\times1.17(万元)$$
$$= 4.34(万元)$$

### 2.4.4 计价实例4(盖板弯曲模,采用制造工费成本逐项计算法)

制造工费成本逐项计算法计价表格的举例见表2.16。

表2.16 制造工费逐项计算法计价表格

| 模具、夹具图号 | | | | | | | 加工数量 | | 1 | |
|---|---|---|---|---|---|---|---|---|---|---|
| 模具、夹具名称 | | | | | | | 交货日期 | | | |
| 材料名称 | 牌号 | 规格(mm) | | 数量 | 用量(kg) | 单价(元/kg) | 金额(元) | 加工设备名称 | 工时(h) | 工时单价(元/h) | 金额(元) |
| 锻件 | 45 | 80 | 185 | 285 | 1 | 33.11 | 5 | 165.55 | 车床 | | | |
| 型材 | 45 | 170 | 200 | 315 | 1 | 84.07 | 5 | 420.37 | 铣床 | 28 | 20 | 560 |
| 铸件 | 45 | 39 | 140 | 285 | 1 | 12.22 | 5 | 61.08 | 镗床 | | | |
| 合金 | T8A | 10 | 140 | 285 | 1 | 4.07 | 6 | 24.42 | 刨床 | | | |
| 中碳 | 45 | 40 | 40 | 15 | 1 | 0.24 | 5 | 1.20 | 锯床 | | | |
| 材料费小计 | | | | | | | | 672.62 | 钻床 | 16 | 10 | 160 |

续表

| 需处理材料名称 | 单件重量(kg) | 单价(元/kg) | 金额(元) | 插床 | | |
|---|---|---|---|---|---|---|
| 回火 | | | | 平磨 | 16 | 20 | 320 |
| 调质 | | | | 内外圆磨 | | | |
| 淬火T | T8A | | | 线切割 | | | |
| 渗碳 | | 4.00 | 10 | 钳工 | 28 | 80 | 2 240 |
| 发黑 | | | | 装配 | | | |
| 氮化 | | | | 三坐标 | | | |
| 淬火H | | | | 数控铣 | 8 | 500 | 4 000 |
| 热处理小计 | | | 10 | 数控编程 | | | |

| 标准件及辅助材料 | 单位耗用量 | 单价(元/kg) | 金额(元) | 调整 | 12 | 80 | 960 |
|---|---|---|---|---|---|---|---|
| | | | | 调试设备 | 8 | 800 | 6 400 |
| | | | | 仿形铣 | | | |
| | | | | 电火花 | | | |
| | | | | 制造费用小计 | | | 14 640 |

| 项目 | 金额 |
|---|---|
| 设计费(元) | 1 320.00 |
| 材料费合计(元) | 672.66 |
| 制造费合计(元) | 14 650.00 |
| 管理费(元) | 1 665.27 |
| 利润(元) | 1 830.79 |
| 增值税(元) | 4 124.80 |
| 其他(元) | |
| 包装运输费(元) | |
| 总计(元) | 24 263.51 |

市场部门意见：建议按2.8万元报价

财务部门意见：

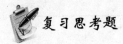 复习思考题

1. 小型冲压模具估价时需注意些什么?
2. 小型冲压模具估价时影响制造总工时的主要因素有哪些?
3. 计算小型冲压模具的原材料费时有几种方式?一般采用什么公式估算?
4. 图 2.5 为一电器片,制件材料为 Cu,厚度为 1.2 mm。试估算该落料冲孔复合模具的销售价格(模具图由制造方依制件图设计)。

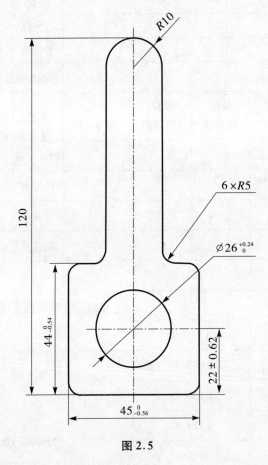

图 2.5

5. 图 2.6 为一支架零件,制件材料为 Q235,已退火,厚度为 4 mm。试估算该零件模具的销售价格(模具图由制造方依制件图设计)。

# 第 2 章　普通小型冲压模具计价方法

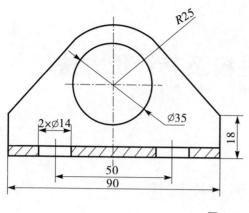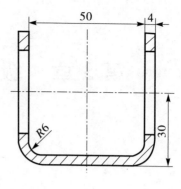

图 2.6

# 第 3 章　级进模及其计价方法

## 3.1　级进模概述

级进模是能在一副模具上的不同区域顺序完成多道冲压工序的一种精密、高效、复杂、昂贵的冲压模具,一般具有自动送料功能,自动出料,适于批量较大的中小型零件的冲压加工。级进模的种类很多,模具结构也有所不同,但基本结构一般为板式结构,如图 3.1 所示。

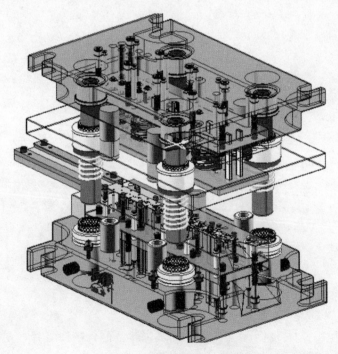

图 3.1　级进模结构示意图

图中各模板自上而下依次为：
上模座(UPS——Upper Die Shoe)；
凸模垫板(PBP——Punch Back Plate)；
凸模固定板(PHP——Punch Holder Plate)；
卸料垫板(BSP——Back Stripper Plate)；
卸料板(SP——Stripper Plate)；
凹模固定板(DLP——Die Location Plate)；
凹模垫板(DBP——Die Back Plate)；
下模座(LDS——Lower Die Shoe)。

另外，为了调整封闭高度，还可能有上调整板(TSP——Top Spacer Plate)和下调整板(LSP——Lower Spacer Plate)，在凹模固定板上安装导料板(块)(Guide Rail 或 Guide Block)。

## 3.2 级进模的结构特点

级进模具有如下特点。

(1) 模具结构精密复杂

材质要求具有较好的强度、刚度、抗疲劳性能；凸凹模等工作件及其对应型孔的形位精度要求高；辅助检测元件要求齐全；使用大量标准件。模架之各模板的厚度一般有标准系列，材料也不一样。从水平方向看，模具可以划分为多副子模块(Module)系统，一般为2~4副，这是因为加工、安装和维修的方便。每副子模架一般都有独立的导向装置，上模座和下模座都为整块板件，二者之间设有总导柱导套和防撞柱。

(2) 工艺设计难度大

冲压件条料排样水平的高低直接影响模具的大小和冲压件的质量及带材利用率；模具零件之间定位要求精确度高；要保证自动送料的顺利进行；要考虑废料的处理和出件容易；构成级进模的零件数量多、结构复杂，要考虑易损件更换方便，还要防止产生干涉。开发费一般取为工时的15%~30%。

(3) 模具加工制造费用高

包含大量精密加工工序，如电子产品级进模的凸模刃口及导向部分一般采用光学曲线磨削加工；凹模刃口和卸料板上的凸模导向嵌块的导向部分一般需采用多道线切割加工和磨削加工，模板的上下平面要平面磨，模板上的定位型孔一般也需要多道线切割加工。虽然工作部分零件的材质价格昂贵,但其用量往往比较少,所以费用比例并不高。据统计,材料费一般占生产成本的 15%～25%,但不会超过 25%。

## 3.3　级进模计价方法概述

从上述级进模的特点可以看出,和普通的模具相比,级进模材料费所占比重相对较小,而精密加工费比重相对较高;加工费用与工位数的多少密切相关。报价时,不适于采用重量估计算法,而宜采用逐项估价法,并结合局部直接类比法。

根据前面有关模具的构成以及模具价格的分析,可知模具价格的确定关键在于对可计算部分即模具标准件费用、自制件(模架模板和成形工作零件)材料费、模具加工费用的处理,尤其是对加工费用的估算。以下将详述报价步骤。

### 3.3.1　初步工艺分析和结构设计

(1) 初步展开产品、排样、确定所需的冲压工位数,并根据经验大致估计空工位数,由此确定总的工位数。根据产品展开宽度并考虑搭边距就可确定工位距。

(2) 模具结构形式的确定,主要是确定模具板件的大致尺寸、子模架划分等。

### 3.3.2　材料费估算法

**1. 各模板的材料价格估算**

原始坯料尺寸一般为长方体,其尺寸(重量)估价是关键。模板长度根据工作区的长度再加上两端余量(如单边 50 mm)确定根据经验估计(在带料宽度的基础上,主要考虑导套导柱的布置、卸料螺钉规格等确定模板的宽度),每件模板的高度模具厂家一般都有标准系列。

**2. 标准件费用**

级进模中的标准件是买来后无需加工就可安装使用的外购件,估价的关键是估算各类标准件数量,单价依据所选供应商产品手册。冲压产品展开件的长、宽确定后,可以确定模架的长、宽,进一步确定其规格及购置费用。而只有在完成了模具设计以后才能精确确定螺钉、销钉、弹簧的数量及型号,这与我们快速报价的方案是不符的,并且考虑到螺钉、销钉、弹簧、抬料钉在模具材料价格中占的比例较小,所以可用排料的长、宽粗略估计这些标准件的数量,也可根据积累报价案例估计标准件数量;而导柱导套、安全传感器的价格可根据设计的数量直接计算。由于级进模的零件数量多,为便于科学计价,需要建立相应的数据库。

**3. 非标(自制)工作材料费估算**

非标件主要是估计其体积。冲裁工步的工作件用材料计算最为复杂,冲裁冲头为异形冲头,原始坯料一般为长方体(冲导料钉的冲头除外)。所有冲头的高度一般都一致,为凸模固定板高度、卸料垫板高度、卸料板高度、料厚之和加上适当余量;所有冲头的平面尺寸可按冲头固定端面尺寸计算(可以累加)。每一冲裁工位一般都对应一副凹模嵌块和凸模导向嵌块(卸料板上)。凹模嵌块的高度约等于凹模板的高度,凸模导向嵌块的高度等于卸料板的高度;二者的平面尺寸凭经验估计,其宽度需要加上定位台阶的宽度,宽度略大于带料宽度(便于通过卸料板压住凹模),长度不大于工位距。超硬冲头的材料费可能高达1 800元/kg以上(寿命高达亿次),所以优质材料的重量需尽量准确估算。

弯曲、成形、压印等工位可仿照冲裁类似估计,只是需特别注意,凸模穿过的板件区间可能有所不同,有些凸模可能只是固定在卸料板上。特殊工位工作件,如冲导正孔的工作冲头及其对应凹模,则可以参考历史案例。

**4. 其他自制辅助件**

(1) 导板

导板宽度估为带料宽度加上一定经验值,总长度估为凹模固定板长度,高度一般为定值。

(2) 前导料板、后导料板

变化不大,按经验价格计算。

### 3.3.3 加工制造费估算法

**1. 模板加工制造费**

主要分为板件的整体加工和板内的型孔加工。前者容易积累数据,后者主要是孔型的加工,主要分为长方体孔、销钉孔、螺钉孔、台阶孔和让位孔(槽)。

(1) 一般漏料孔、销钉孔、螺钉孔、让位孔和过孔只需一般线切割、铣削或钻削加工;

(2) 各种型孔的加工长度(面积)可根据排样的工位数估计,需要准确定位的凹模嵌块孔一般需要慢走丝线切割加工;

(3) 有弯曲或成形轮廓通过的工位,要考虑在对应的凹模板(向下弯曲)或卸料板(向上弯曲)位置上铣削加工让位槽,另外卸料板上还要加工导料板的让位槽。

**2. 工作部分的加工费用估算**

(1) 凸模工作部分的加工

往往要进行光学曲线磨削加工,加工费用按工时估计。不同工位的冲裁加工按同一工位进行估计。当冲裁轮廓复杂时,光学曲线磨削加工的时间大幅上升,难于精度计算。在初步报价时较宜通过定义轮廓复杂系数来估计加工工时。

(2) 冲裁凹模刃口和凸模导向套导向面的加工

往往要通过慢走丝精细放电加工或磨削加工,对于难加工部分要考虑刃口轮廓采用拼合嵌块结构。

(3) 其他外轮廓面的加工

凸模导向嵌块分别与卸料板和凹模板都有严格的尺寸限制,尺寸精度也非常高,需要精度线切割甚至磨削加工。

### 3.3.4 工位综合估算法

在具体计算上述工作部件加工费用时,也可采用按工位所有工作零件综合的方法,这是一种比较准确和迅速的方法,它是按工位类别将工作部件的材料和加工费综合估计,而将非工作区域的各类加工及模板的加工按历史案例计价。例如,针对每种冲压工序(冲裁、弯曲、压印等)工步所涉及的所有工作零件(凸模、凹模嵌块、凸模导向嵌块)的材料费、加工费以及所对应在各模板上型孔的加工费的总和分别设定基本参考价格,通过乘以适当的系数进行估算,空工位处可根据实际工作部件及其加工情况适当予以考虑。

## 3.4 级进模计价实例

### 3.4.1 计价实例1(接线片级进模)

本节主要以加工电子产品(如接插件)为主的小型精密级进模为研究对象,相似类级进模的计价可以此作参考。

**1. 产品和工艺基本参数分析**

产品名称:接线片,料宽 24.5 mm,料厚 0.5 mm,如图 3.2(a)所示。此产品包括冲裁、打凸、打弯等成形,工艺难度一般,难度系数为1.0。经过分析,给出排样图如图3.2(b)所示,工位距为21 mm。模具需要13个工作工位,依次冲导正孔Φ3、冲小孔Φ2.03;冲方孔1.5×2.5;安全检测冲小孔Φ14.65冲头部余料;导正切余料;切余料;压扁;切余料;L形弯曲;Z形弯曲;空位;落制件;切载体。

级进模的排样是模具结构的决定性因素,接线片排样图如图3.2(c)所示,每个工位的冲压描述见图注。

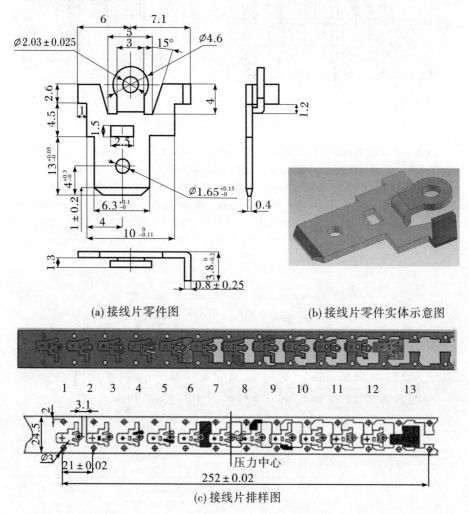

(a) 接线片零件图　　　　　　　　(b) 接线片零件实体示意图

(c) 接线片排样图

1.冲导正孔Φ3、冲小孔Φ2.03; 2.冲方孔1.5×2.5; 3.安全检测冲小孔Φ14.65冲头部余料; 4.导正切余料; 5.切余料; 6.压扁; 7,8.切余料; 9.L形弯曲; 10.Z形弯曲; 11.空位; 12.落制件; 13.切载体。

图 3.2

根据排样可设计成如图 3.2(d)和图 3.2(e)所示的结构。

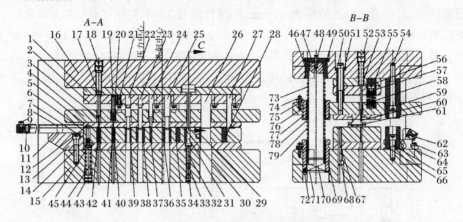

(d) 接线片级进模总装配图(剖视图)

1. 上垫板； 2. 凸模固定板； 3,22,23,25. 冲裁凸模； 4. 卸料垫板； 5. 卸料板； 6. 下模板；
7. 下垫板； 8. 导料板； 9,14,21,45,48,50,54,56,63,65,68,72,75. 螺钉； 10,67. 销钉；
11. 托料板； 12. 导料销； 13,55. 垫块； 15. 下模座； 16. 上模座； 17,19. 垫柱； 18,
34,43,52. 螺塞； 20,49,51. 衬套； 24. 压扁凸模； 26. 落料凸模； 27. 切断刀； 28～30,
35～42. 凹模镶块； 31. 顶料钉； 32. 顶杆； 33,44,53,58,70,73,79. 弹簧； 46,57. 垫板；
47. 导柱； 59,66. 限位柱； 60. 导正销； 61. 浮料钉； 62. 保护垫； 64,71,74. 压板； 69,
76. 导套； 77. 保持圈； 78. 螺套

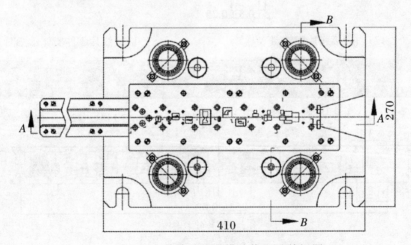

(e) 接线片级进模总装配图(俯视图)

图 3.2(续)

**2. 模具结构基本信息**

根据排样图,可以计算画出装配图(图3.2(c)、图3.2(d)),由此可以定出模具的基本尺寸。上下底座各为长410 mm、宽270 mm,凹模宽度为120 mm,各模板的厚度依次为:上底座55 mm,凸模垫板15 mm,凸模固定板20 mm,卸料垫板30 mm,卸料板8 mm,凹模板30 mm,凹模垫板20 mm,下模座70 mm。

**3. 方法一:经验估算法**

见表3.1。

表3.1 经验估算法

| 项 目 | 费用(万元) | 计算说明 |
|---|---|---|
| 材料费 | 1.56 | 每工步工作件材料费约1 200元 |
| 工时费 | 9 | 总工时450 h。依据:初步估计价格时可按工作工步数进行计算,每工步一般对应30~40 h的模具加工工时,共13个工作工步,平均200元/h计算 |
| 技术开发费 | 1.8 | 难度系数1.0,9×0.20×1.0=1.8 |
| 管理费 | 1.24 | 管理费率为10%,(1.56+9+1.8)×0.1=1.24 |
| 利润 | 3.4 | 利润率为25%,(12.36+1.24)×0.25=3.4 |
| 增值税 | 2.89 | 增值税率为17%,(1.56+9+1.8+1.24+3.4)×0.17=2.89 |
| 模具价格 | 19.89 | |

注:表中将难度系数体现在工时费和开发费中,有些厂家采用按上述方式计算出模具价格之后再乘以难度系数。

**4. 方法二:工位综合估算法**

见表3.2。

表3.2 工位综合估算法

| 项 目 | 费用(万元) | 计算说明 |
|---|---|---|
| 模板板件材料费 | 0.72 | 上下底座为45钢(15元/kg)、凸模固定板、卸料板、凹模板为SKD11(80元/kg)、SKS3(30元/kg),根据各模板尺寸并加15%余量,得模板材料费为0.72万元 |
| 标准件费 | 0.8 | 导柱导套(内外导柱各有4根,总共8根)及其他标准件,根据经验,此副模具标准件费用估计为0.8万元 |
| 工位综合费 | 5.85 | 每个工位的材料和加工费按4 500元估价,13个工位为5.85万元(工作部分材料及其加工费共计5.85万元) |

续表

| 项 目 | 费用(万元) | 计算说明 |
| --- | --- | --- |
| 板件加工费<br>(非工作区) | 2.16 | 按3倍材料费计算 |
| 技术开发费 | 1.94 | 难度系数1.0,按15%的材料和加工费总和计算:12.93×0.15<br>=1.94 |
| 管理费 | 1.15 | 管理费率为10%,(9.51+1.94)×0.1=1.15 |
| 利润 | 3.075 | 利润率为25%,(9.51+1.94+1.15)×0.25=12.3×0.25<br>=3.075 |
| 增值税 | 2.61 | 增值税率为17%,(9.51+1.94+1.15+3.075)×0.17=2.61 |
| 模具价格 | 18.305 | |

## 3.4.2 计价实例2(鼓盖级进模)

鼓盖图形如图3.3(a)所示,鼓盖装配示意图如图3.3(b)所示。

鼓盖零件为拉深件,板厚1.5 mm,主要直壁高度19.15 mm,拉深采用12道工序完成,依次为左右切口、上下切口、外形一次拉深、外形二次拉深、拉深圆角精整、凸台一次反拉深、凸台二次反拉深(椭圆化)、凸耳浅孔成形、凸耳沉孔冲裁成形、落料分离。条料步距为114 mm,料宽118 mm,排样考虑了两种方位的布置(最后几个工位可选)。计价过程如表3.3所示。

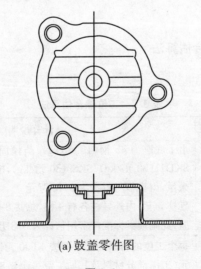

(a)鼓盖零件图

图3.3

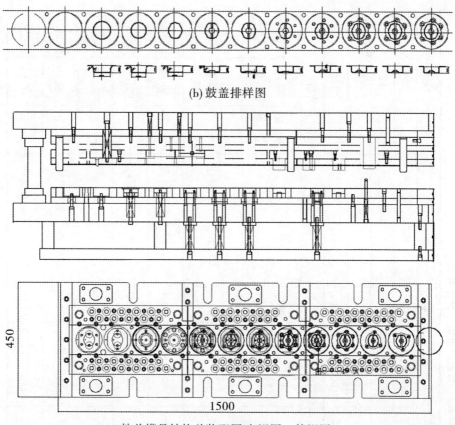

(b) 鼓盖排样图

(c) 鼓盖模具结构总装配图(主视图、俯视图)

图 3.3(续)

表 3.3 鼓盖级进模报价计算表

| HW | | | | | | | | |
|---|---|---|---|---|---|---|---|---|
| 供货厂商(盖公章) | | 产品名称 | 鼓盖 | | 模具取数 | 1 | 日期 | |
| 零件图号 | | 模具形式 | 级进模 | | 工步数 | 12 | | |
| 班产量 | 10 000 | 模具寿命 | >1 000 000 | | 步距 | 114 | | |
| | | 模具外形尺寸 | 1 500 mm×450 mm | | 条料宽度 | 118 | | |

原材料分析

| 序号 | 项目 | 金额 | 名称 | 规格 长(mm) | 宽(mm) | 高(mm) | 材料 | 单位耗用量 | 单价(元/kg) | 金额(元) |
|---|---|---|---|---|---|---|---|---|---|---|
| 1 | 原材料 | 37 027.08 | DP | 1 414 | 270 | 35 | Cr12MoV | 120.63 | 32.00 | 3 860.10 |
| | | | SP | 1 414 | 270 | 25 | Cr12 | 86.16 | 32.00 | 2 757.22 |
| | | | PP | 1 414 | 270 | 25 | 1045 | 86.16 | 9.80 | 844.40 |
| | | | BBP | 1 414 | 270 | 22 | Cr12 | 75.82 | 32.00 | 2 426.35 |
| | | | TBP | 1 414 | 270 | 22 | Cr12 | 75.82 | 32.00 | 2 426.35 |
| | | | TSP | 1 414 | 360 | 22 | Cr12 | 101.10 | 32.00 | 3 235.13 |

外购外协分析

| 序号 | 项目 | 金额 | 名称 | 单位 | 数量 | 单价(元/套) | 金额(元) |
|---|---|---|---|---|---|---|---|
| 2 | 外购外协 | 15 454.00 | 卸料导柱 | unit | 12 | 72.00 | 864.00 |
| | | | 卸料导套 | unit | 24 | 68.00 | 1 632.00 |
| | | | 滚珠导柱组件 | unit | 6 | 521.00 | 3 126.00 |
| | | | 导正销 | unit | 22 | 36.00 | 792.00 |
| | | | 方形凸模 | unit | 16 | 80.00 | 1 280.00 |
| | | | 卸料螺栓 | unit | 62 | 16.00 | 992.00 |
| 3 | 设计费用 | 27 072.00 | | | | | |

# 第3章 级进模及其计价方法

续表

| 序号 | 项目 | 金额 | 原材料分析 |||||||| 外购外协分析 |||||
|---|---|---|---|---|---|---|---|---|---|---|---|---|---|---|---|
| | | | 名称 | 规格 ||| 材料 | 单位耗用量 | 单价(元/kg) | 金额(元) | 名称 | 单位 | 数量 | 单价(元/套) | 金额(元) |
| | | | | 长(mm) | 宽(mm) | 高(mm) | | | | | | | | | |
| 4 | 制造费用 | 90 240.00 | DS | 1 500 | 450 | 80 | 1045 | 487.49 | 9.80 | 4 777.35 | 矩形螺旋弹簧 | unit | 62 | 36.00 | 2 232.00 |
| | | | TP | 1 500 | 450 | 60 | 1045 | 365.61 | 9.80 | 3 583.01 | 镶入式圆形凹模 | unit | 9 | 120.00 | 1 080.00 |
| | | | DF | 1 500 | 60 | 120 | 1045 | 97.50 | 9.80 | 955.47 | 误送传感器 | unit | 1 | 400.00 | 400.00 |
| | | | BP | 1 500 | 450 | 40 | 1045 | 243.74 | 9.80 | 2 388.68 | 顶料组件 | unit | 24 | 44.00 | 1 056.00 |
| | | | PUN | 360 | 200 | 70 | DC53 | 45.50 | 54.00 | 2 456.92 | 其他 | unit | 1 | 2 000.00 | 2 000.00 |
| | | | DP-INS | 400 | 320 | 35 | DC53 | 40.44 | 54.00 | 2 183.93 | | unit | | | 0.00 |
| | | | SP-INS | 240 | 200 | 25 | DC53 | 10.83 | 54.00 | 584.98 | | unit | | | 0.00 |
| 5 | 不可预计费用 | 0.00 | | | | | | | | | | unit | | | 0.00 |
| 一 | 制造成本 | 169 793.08 | | | | | | | | | | unit | | | 0.00 |

续表

| 序号 | 项目 | 金额 |
|---|---|---|
| 二 | 管理费用 | 25 468.96 |
| 三 | 财务费用 | 0.00 |
| 四 | 销售费用 | 3000.00 |
| 五 | 生产成本 | 198 262.05 |
| 六 | 产品利润 | 59 478.61 |
| 七 | 销售额 | 257 740.66 |
| 八 | 增值税 | 43 815.91 |
| 九 | 总价 | 301 556.57 |

原材料分析

| 名称 | 规格 长(mm) | 宽(mm) | 高(mm) | 材料 | 单位耗用量 | 单价(元/kg) | 金额(元) |
|---|---|---|---|---|---|---|---|
| 合计 |  |  |  |  |  |  | 32 479.90 |

外购外协分析

| 名称 | 单位 | 数量 | 单价(元/套) | 金额(元) |
|---|---|---|---|---|
| 合计 |  |  |  | 15 454.00 |

制造费计算

| 项目 | 费用总额(元) | 总工时(h) | 分配率(元/h) |
|---|---|---|---|
| 机加工费用 | 14 400.00 | 320.00 | 45.00 |
| 装配费用 | 7 200.00 | 120.00 | 60.00 |
| 调试费用 | 8 640.00 | 48.00 | 180.00 |
| 合计 | 90 240.00 | h/套(件) | 45.00 |

销售费用

| 项目 | 金额(元) |
|---|---|
| 包装物 | 0.00 |
| 运输费 | 0.00 |
| 其他 | 3 000.00 |
| 合计 | 3 000.00 |

注：表中产品的设计费系数取为 30%，管理费率为 15%，利润率为 30%，管理费率为 17%，增值税率为 30%，读者应按照各自企业的实际情况来设置上述系数，并将 C33、C44 和 C50 三项作出相应修改。另外，原材料分析中合计金额为净料尺寸价格，故最后统计的原材料价格要乘上系数 1.14。

### 3.4.3 计价实例3(座椅钩级进模)

图3.4所示模具结构主视图中自上而下分别为零件主视图和侧视图、主要工艺排样图、装配俯视图、装配主视图。零件料厚4 mm,条料宽度128 mm,步距56 mm,主要特征是弯曲变形。采用对头双排(一模两件),主要工步如下:冲上中下三排导料孔、冲腰圆孔、冲下方两侧废料、冲上方两侧废料。冲上下方中间废料、第一步弯钩、第二步弯钩、第三步弯钩、整形、若干空工位、分离,共17个工位。所有冲裁工位都布置在第一个子模架上;所有弯曲工位都布置在第二个模架上。计价过程如表3.4所示。

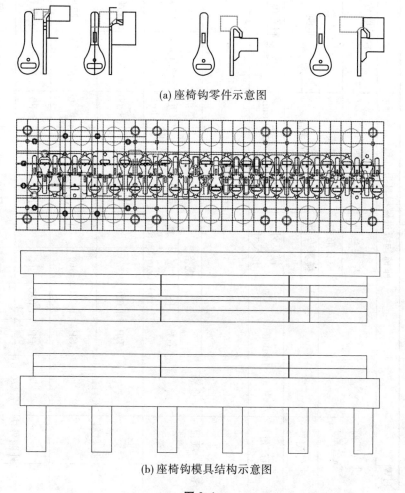

(a) 座椅钩零件示意图

(b) 座椅钩模具结构示意图

图 3.4

表 3.4 座椅钩级进模报价计算表

座椅钩级进模报价单

| HW | | | | | | | | | | | | | |
|---|---|---|---|---|---|---|---|---|---|---|---|---|---|
| 供货厂商（盖公章） | | | | 产品名称 | 座椅钩 | | 模具取数 | | | | 日期 | 2 |
| 零件图号 | | | | 模具形式 | 级进模 | | 工步数 | | | | | 18 |
| 班产量 | 16 000 | | | 模具寿命 | >2 000 000 | | 步距 | | | | | 56 |
| | | | | 模具外形尺寸 | 1 100 mm×450 mm | | 条料宽度 | | | | | 128 |

原材料分析

| 序号 | 项目 | 金额 | 名称 | 规格 | | | 材料 | 单位耗用量(kg) | 单价(元/kg) | 金额(元) |
|---|---|---|---|---|---|---|---|---|---|---|
| | | | | 长(mm) | 宽(mm) | 高(mm) | | | | |
| 1 | 原材料 | 35 444.0 | DP | 1 020 | 360 | 40 | Cr12MoV | 115.30 | 38.00 | 4 381.43 |
| | | | SP | 1 020 | 360 | 35 | Cr12MoV | 100.89 | 38.00 | 3 833.75 |
| | | | PP | 1 020 | 360 | 35 | 1045 | 100.89 | 9.80 | 988.70 |
| | | | BBP | 1 020 | 360 | 30 | Cr12 | 86.48 | 34.00 | 2 940.17 |

外购外协分析 SUBCONTRACT

| 序号 | 项目 | 金额 | 名称 | 单位 | 数量 | 单价(元/套) | 金额(元) |
|---|---|---|---|---|---|---|---|
| 2 | 外购外协 | 17 470.0 | 卸料导柱 | 个 | 12 | 44 | 528.00 |
| | | | 卸料导套 | 个 | 24 | 68 | 1 632.00 |
| | | | 滚珠导柱组件 | 个 | 6 | 521 | 3 126.00 |
| | | | 导正销 | 个 | 26 | 36 | 936.00 |

续表

| 序号 | 项目 | 金额 | 原材料分析 ||||||| 外购外协分析 SUBCONTRACT |||||
|---|---|---|---|---|---|---|---|---|---|---|---|---|---|---|
| | | | 名称 | 规格 长(mm) | 宽(mm) | 高(mm) | 材料 | 单位耗用量(kg) | 单价(元/kg) | 金额(元) | 名称 | 单位 | 数量 | 单价(元/套) | 金额(元) |
| 3 | 设计费用 | 26 208.0 | TBP | 1 020 | 360 | 30 | Cr12 | 86.48 | 34.00 | 2 940.17 | 方形凸模 | 个 | 8 | 32 | 256.00 |
| | | | TSP | 1 020 | 360 | 30 | Cr12 | 86.48 | 34.00 | 2 940.17 | 卸料螺栓 | 个 | 72 | 16 | 1 152.00 |
| 4 | 制造费用 | 87 360.0 | DS | 1 100 | 450 | 90 | 1045 | 349.72 | 9.80 | 3 427.23 | 矩形螺旋弹簧 | 个 | 72 | 86 | 6 192.00 |
| | | | TP | 1 100 | 450 | 70 | 1045 | 272.00 | 9.80 | 2 665.62 | 镶入式圆形凹模 | 个 | 6 | 120 | 720.00 |
| | | | DF | 2 700 | 60 | 140 | 1045 | 178.04 | 9.80 | 1 744.77 | 误送传感器 | 个 | 1 | 400 | 400.00 |
| | | | BP | | | | | 0.00 | | 0.00 | 顶料组件 | 个 | 12 | 44 | 528.00 |
| | | | PUN | 360 | 240 | 90 | DC53 | 61.04 | 54.00 | 3 296.25 | 其他 | 个 | 1 | 2 000 | 2 000.00 |
| | | | DP-INS | 300 | 240 | 40 | DC53 | 22.61 | 54.00 | 1 220.83 | | | | | 0.00 |
| 5 | 不可预计费用 | 0.0 | | | | | | | | | | | | | |

续表

| 序号 | 项目 | 金额 | 原材料分析 | | | | | | 外购外协分析 SUBCONTRACT | | | | |
|---|---|---|---|---|---|---|---|---|---|---|---|---|---|
| | | | 名称 | 规格 长(mm) 宽(mm) 高(mm) | 材料 | 单位用量(kg) | 单价(元/kg) | 金额(元) | 名称 | 单位 | 数量 | 单价(元/套) | 金额(元) |
| 一 | 制造成本 | 166 482.0 | SP-INS | 240 200 35 | DC53 | 13.19 | 54.00 | 712.15 | | 个 | | | 0.00 |
| | | | | | | | | 0.00 | | 个 | | | 0.00 |
| | | | | | | | | 0.00 | | 个 | | | 0.00 |
| 二 | 管理费用 | 24 972.3 | 合计 | | | | | 31 091.26 | 合计 | | | | 17 470.00 |

| | | | 费用分配率分析 | | | | 销售费用 | |
|---|---|---|---|---|---|---|---|---|
| | | | 项目 | 费用总额(元) | 总工时(h) | 分配率(元/h) | 项目 | 金额(元) |
| 三 | 财务费用 | 0.0 | 机加工费用 | 12 600.00 | 280.00 | 45.00 | 包装物 | 0.00 |
| 四 | 销售费用 | 0.0 | 装配费用 | 5 760.00 | 96.00 | 60.00 | 运输费 | 0.00 |
| 五 | 生产成本 | 191 454.3 | 调试费用 | 9 000.00 | 50.00 | 180.00 | 其他 | 0.00 |
| 六 | 产品利润 | 57 436.3 | 合计 | 87 360.00 | 小时/套(件) | 45.00 | 合计 | 0.00 |
| 七 | 销售额 | 248 890.6 | | | | | | |
| 八 | 增值税 | 42 311.4 | | | | | | |
| 九 | 销售收入 | 291 202.0 | | | | | | |

注：表中产品的设计费系数取为30%，管理费率为15%，利润率为30%，管理费率为30%，增值税率为17%，读者应按照各自企业的实际情况来设置上述系数，另外，原材料分析中合计金额为净料尺寸价格，故最后统计的原材料价格要乘上系数1.14。

## 3.4.4 计价实例4(电机铁芯自动叠铆硬质合金多工位级进模)

此类产品属于高精度、高效率、长寿命"三高"类模具,是技术密集型产品,开发与制造难度高。该产品比较单一,一般采用实例类比报价法。表3.5是该类模具比较典型的报价价格构成。

表3.5 电机铁芯自动叠铆硬质合金多工位级进模定价方法及技术要求

| 项目 | 项目细分 | 费用比例 | 备注 | 技术要求 | |
|---|---|---|---|---|---|
| 技术开发费 | 产品设计测绘费 | 0%~3% | 根据用户需要而定 | 材料 | DW1300-50 |
| | | | | 材料厚度 | $T=0.5$ |
| | 模具设计费(CAD) | 8%~10% | 根据冲件复杂系数、模具的精度和结构复杂系数而定 | 材料宽度 | 158 |
| | 工艺分析及编程费(CAM) | 4%~5% | | 步距 | 82.5 |
| | 电脑分析费(CAE) | 5%~15% | 在缺乏经验或风险大的情况下使用(最好征得用户同意) | 产品厚度 | 转子:8~40 |
| 材料费 | 原材料费 | 18%~26% | 含模架,其中硬质合金材料占12%~15% | | 定子8~40 |
| | | | | 闭合高度 | 420 |
| | 标准件、辅助材料费 | 1%~5% | 除模架外的零部件,根据模具设计和用户要求而定 | 送料线高度 | 230 |
| 制造费 | 机加工费(含CNC) | 20%~25% | 其中磨床加工费约占18%(根据实际情况而定) | 模具的高度 | 上模:180 |
| | 电加工费 | 20%~25% | 其中精密低速走丝线切割占16%~18% | | |
| | 钳加工费 | 10%~15% | 含调试、刃磨一次后连机寿命考核的工时费 | | |
| | 热处理费 | 1%~3% | 含表面处理、冷冻处理 | | 下模:230 |
| | 试模费 | 1%~3% | 一般以试模4次为准 | | |

续表

| 项目 | 项目细分 | 费用比例 | 备注 | 技术要求 | |
|---|---|---|---|---|---|
| 管理费 | | 5%～10% | 企业自定 | 模具的高度 | |
| 利润 | | 10%～20% | 视风险与复杂程度而定 | 送料方向 | 左→右 |
| 税收 | | | 按国家现行政策而定 | 冲裁压力 | 95.35 t |
| 说明 | | | 一出二加价50%；单叠增加30%，双叠增加50% | 冲床型号 | AIDA200T |

图3.5(b)为排样图，图3.5(c)为模具总装侧视图，图3.5(d)和图3.5(e)是上模装配图和下模装配图。从排样图可知本零件为双排（二出二）排样，一共14个工位，其中2个空工位。模具计价见表3.6。

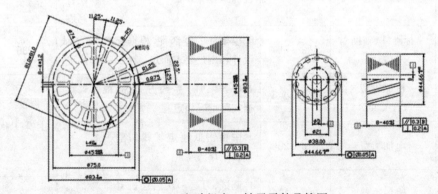

(a) 电动机定、转子零件叠铆图

图3.5

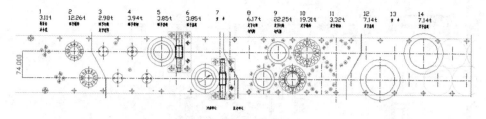

(b) 电动机定、转子排样图

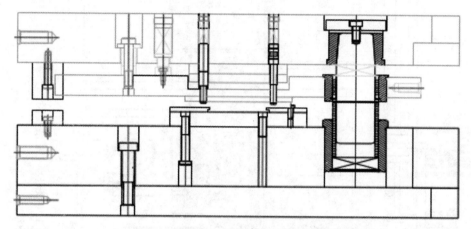

(c) 电动机定、转子多工位级进模侧视总装图

图 3.5(续)

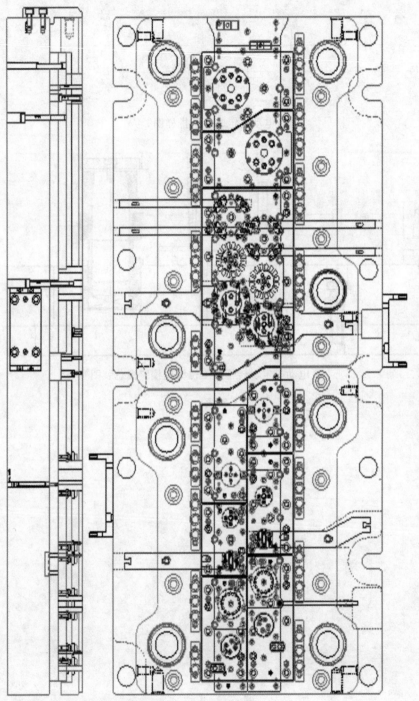

(d) 电动机定、转子多工位级进模上模装配图

图3.5(续)

第3章 级进模及其计价方法

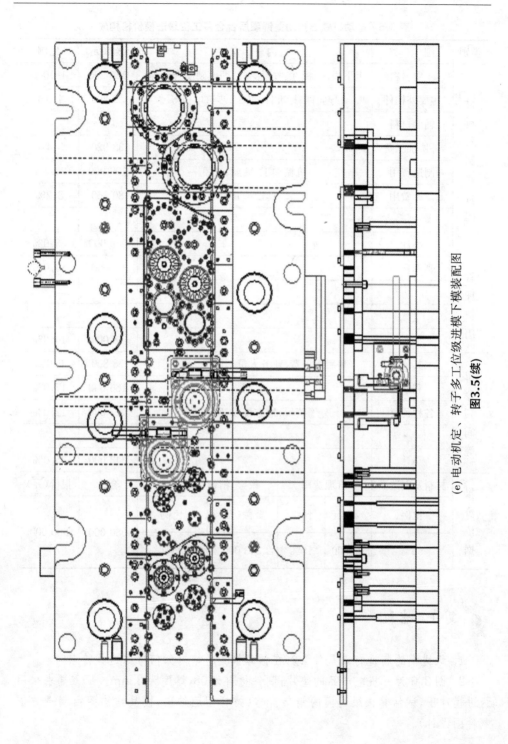

(e) 电动机定、转子多工位级进模下模装配图

图3.5(续)

### 模具价格估算

**表 3.6　电动机铁心自动叠铆硬质合金多工位级进模价格构成**

| 类别 | 细类 | 内　容 | 金额(元) | 比例 |
|---|---|---|---|---|
| 材料及制造费用 | 主要材料 | 上下模座、板件、收紧圈、凸凹模硬质合金等 | 186 200 | 19.0% |
| | 主要外构件 | 导向件、标准件、气缸、步进电极等 | 39 200 | 4.0% |
| | 辅助材料 | | | |
| | 外协加工费 | | 33 320 | 3.4% |
| | 制造费用 | 机械加工、装配、试模 | 199 920 | 20.4% |
| | 设计费用 | 模具设计开发 | 80 360 | 8.2% |
| | 小计 | | 539 000 | 55.0% |
| 管理费用 | 管理费用 | | 98 000 | 10.0% |
| | | | 98 000 | 10.0% |
| 税金利润等 | 其他 | 售后服务费、业务人员差旅费、运输等 | 58 800 | 6.0% |
| | 利润 | 毛利 | 166 600 | 17.0% |
| | 各种税收 | 增值税、地方税收、所得税 | 117 600 | 12.0% |
| | 小计 | | 343 000 | 35.0% |

| 报价依据 | 材料及制造费 | | 管理费用 | | 税金、销售费用、利润 | | 合计 | 报价(元) |
|---|---|---|---|---|---|---|---|---|
| | 比例 | 金额(元) | 比例 | 金额(元) | 比例 | | | |
| | 55% | 98 000 | 10% | 343 000 | 35% | | 980 000 | 980 000 |

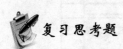

### 复习思考题

1. 级进模的制造特点是什么？在估算模具价格时如何考虑这些特点？

2. 图 3.6 为一机电产品的垫片，制件材料为 08，厚度为 2 mm。厂家要求采用级进模冲压，试估算该级进模的销售价格（排样图已给出，模具结构图由制造方依制件图设计）。

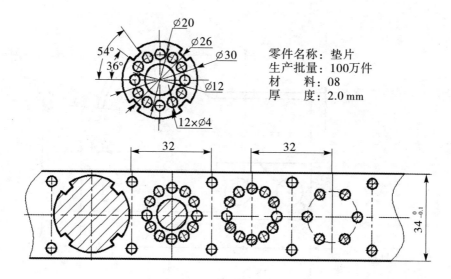

图 3.6

3. 图 3.7 为一机电产品的固定卡,制件材料为 Cu,厚度为 1.5 mm。试估算该级进模的销售价格(模具结构图由制造方依制件图设计)。

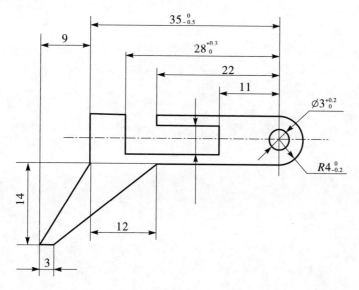

图 3.7

4. 图 3.8 为弹簧片,制件材料为 65Mn,厚度为 0.5 mm。批量:500 万件,采用级进模冲压,试估算该级进模模具的销售价格(模具图由制造方依制件图设计)。

# 模具价格估算

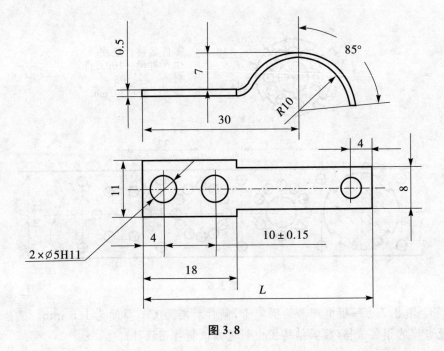

图 3.8

# 第4章 精密冲压模具及其计价方法

## 4.1 精密冲压模具概述

根据冲裁机理不同,冲裁可分为普通冲裁和精密冲裁,用来完成精密冲裁的模具简称为精冲模具。

### 4.1.1 模具结构与分类

精冲模具结构分为活动凸模式和固定凸模式两种。模具种类分为复合模、连续模、连续复合模和传送模等。

### 4.1.2 模具技术特征

精冲模具与普通冲压模具的基本区别在于:
(1) 模具结构上带有齿圈压板;
(2) 具有特征工艺参数,如刃口圆角、极小的间隙;
(3) 精冲件平整、尺寸精度高、冲裁面光洁、垂直度好;
(4) 模具必须在三动压力机上工作。

## 4.2 精密冲压模具计价方法概述

### 4.2.1 价格构成

根据第1章的公式,精冲模具价格构成包括:
$D$——设计费(包括开发、试验费);

$M_1$——材料费;

$M_2$——制造费;

$M_3$——管理费;

$Q$——其他费用;

$R$——利税;

$T$——税金(增值税等)。

若用公式表示,则生产成本为

$$P_c = M_1 + M_2 + M_3 + D$$

根据式(1.1),模具价格为

$$P_c = M_1 + M_2 + M_3 + D + Q + R + T$$

根据经验统计,生产成本中各种成本的比例见表4.1。

表 4.1 生产成本构成比例

| 序 号 | 费用项目 | 所占比例(%) |
|---|---|---|
| 1 | 设计 | 10～25 |
| 2 | 材料 | 15～35 |
| 3 | 制造 | 35～65 |
| 4 | 管理 | 8～20 |
| 5 | 其他 | ≥5 |

### 4.2.2 制造费构成

制造费由机械加工、装配和试模费用组成,其费用的多少与精冲零件的复杂程度和所用模具的大小有直接关系。常情况下,粗加工工时费大约为80元/h,精加工工时费大约为280元/h。

根据精冲加工零件的形状大小、使用材料的厚度以及选用的精压机,通常将精冲模分为大型、中型、小型三类,作为精冲模的制造费用计算依据,分类见表4.2。

表 4.2 零件大小的分类方法

| 小 型 | 中 型 | 大 型 |
|---|---|---|
| 公称压力≤2 500 kN;或模具外形尺寸≤480 mm×480 mm | 公称压力≤6 300 kN;或模具外形尺寸>480 mm×480 mm～800 mm×800 mm | 公称压力>6 300 kN;或模具外形尺寸>800 mm×800 mm |

### 4.2.3 加工工时

模具制造费与制造加工方法及其工时消耗关系密切,以固定凸模式精冲模为例,其工时构成见表4.3。

表4.3 固定凸模式小型复合精冲模加工工时构成表

| 序 号 | 制造过程 | 加工方式 | 耗用工时(h) | 大约所占比例(%) |
|---|---|---|---|---|
| 1 | 一般机加工 | 车工 | 8～20 | 30 |
| 2 |  | 铣工 | 30～56 |  |
| 3 |  | 平磨 | 18～32 |  |
| 4 | 电加工和精加工 | 线切割 | 32～80 | 50 |
| 5 |  | 电蚀 | 4～12 |  |
| 6 |  | 坐标磨 | 6～18 |  |
| 7 | 装配 |  | 20～64 | 15 |
| 8 | 试模 |  | 4～24 | 5 |

其他类型精冲模具的加工工时可以小型模具(240 h)为参照,乘以模具结构系数获取。固定凸模式小型复合精冲模的结构系数为1.0,则其他形式的精冲模的结构系数见表4.4。

表4.4 模具结构系数

| 分类<br>形式 | 固定凸模式 | | | 活动凸模式 | | |
|---|---|---|---|---|---|---|
|  | 小 | 中 | 大 | 小 | 中 | 大 |
| 复合模 | 1.0 | 1.5 | 3.0 | 0.7 | 1.2 | 2.0 |
| 连续模 | 2.5 | 4.5 | 10.0 |  |  |  |
| 连续成型模 | 3.0 | 6.0 | 15.0 |  |  |  |
| 传递模 | 3.5 | 8.0 | 20.0 |  |  |  |

## 4.3 精密冲压模具计价举例(后排气阀板精冲模)

**1. 零件特征参数**

图 4.1 所示为后排气阀板零件图及排样图；
零件用材料:SPHC；
零件厚度:3.5 mm；
精冲件外圆直径:130 mm；
冲裁轮廓周长:1 220.34 mm；
精冲总压力:2 253 kN；
净重:300 g。

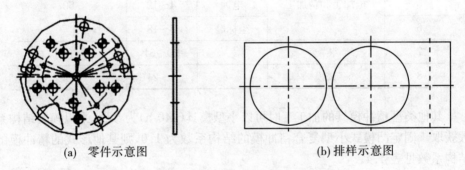

(a) 零件示意图　　　　　　　(b) 排样示意图

图 4.1　后排气阀板零件图及排样

**2. 模具结构**

图 4.2 所示为汽车空调压缩机排气阀板复合精冲模装配图,主要计价依据如下所示。

(1) 将其归并为中厚件；

(2) 因零件产量在 60 万件以上,故采用固定凸模式四导柱模架结构,模具外形尺寸:440 mm×440 mm；

(3) 零件型孔相对位置度要求较高,且零件结构满足复合精冲工艺要求,故采用复合精冲模；

(4) 选用 HFB-2500A 全自动精冲液力机(2 500 kN)。

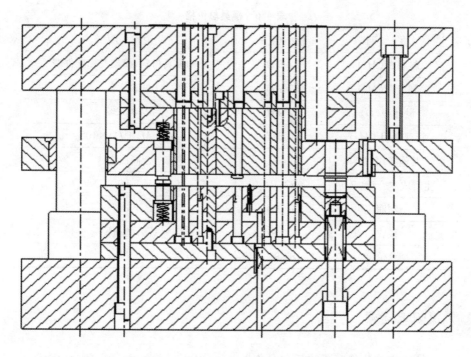

**图 4.2　汽车空调压缩机排气阀板复合精冲模装配图**

**3. 模具价格**

计算模具价格的关键是计算材料费和制作费。

(1) 外购模具材料、模架及标准件费 32 600 元。其中：模芯材料及标准件费用 20 600 元；模架费用 12 000 元，其外形尺寸为 440 mm×440 mm。

(2) 制造费：按照表 4.4，本副模具为小型模具（复合模），表 4.5 是加工费用的分项计算。

表 4.5　制造费用汇总表

| 序　号 | 制造过程 | 耗用工时(h) | 取费标准(元/h) | 费用(元) |
|---|---|---|---|---|
| 1 | 粗加工 | 56 | 120 | 6 720 |
| 2 | 精加工 | 120 | 280 | 33 600 |
| 3 | 装配 | 50 | 240 | 12 000 |
| 4 | 试模 | 14 | 260 | 3 640 |
| 合计 | | 240 | | 55 960 |

(3) 模具总价格见表 4.6。

表 4.6  模具总价格

| 项 目 | 价格(元) | 说 明 |
|---|---|---|
| 材料费($M_1$) | 32 600 | 外购模具材料、模架及标准件费 |
| 制造费($M_2$) | 55 960 | 见表 4.5 |
| 设计费($D$) | 17 907 | $M_2 \times 32\%$ |
| 管理费用($M_3$) | 10 647 | $(M_1 + M_2 + D) \times 10\%$ |
| 其他费用($D$) | 6 400 | 合同谈定 |
| 生产成本合计($P_c$) | 123 514 | $M_1 + M_2 + M_3 + D + Q$ |
| 利润 | 37 054 | $P_c \times 30\%$ |
| 税收 | 27 297 | 17%增值税 |
| 总价 | 187 865 | |

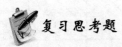

**复习思考题**

1. 精冲模具估价时需注意些什么？
2. 精冲模具估价时影响制造总工时的主要因素有哪些？
3. 计算精冲模具的原材料费时有几种方式？一般采用什么公式估算？

# 第 5 章　中、大型冲压模具及其计价方法

## 5.1　概　　述

中、大型模具主要用于冲压中、大型制件,尤其是汽车、飞机等的内、外覆盖件,其表面形状一般都是由三维曲面构成的,产品表面的质量和精度要求很高。因此,模具的设计需采用先进的专业二维或三维设计软件,模具的加工制造使用的是大型高精度数控加工机床。随着社会的发展,产品在不断更新,工艺也在不断改进,模具的设计制造技术也更加专业化。正是由于采用了先进的设计制造技术与装备,才缩短了模具和产品的开发与制造周期,从而缩短了整车开发和上市的时间,提升了新产品抢占市场的契机,推动了我国汽车、航空等支柱产业的发展,同时也带动了其他行业的发展。可以说,中、大型模具行业对于国民经济的发展起着至关重要的作用。本章将介绍中、大型模具的特性、划分、范围和价格估算方法,希望能给模具制造行业提供具有参考价值的实用性价格估算工具。

### 5.1.1　中、大型冲压模具的主要特性和划分

#### 5.1.1.1　中、大型冲压模具的主要特征

近年来,随着模具计算机辅助设计与制造软件的不断开发应用和技术引进,模具行业伴随着汽车行业的迅猛发展而发展,尤其是中、大型模具的技术改进更为突出,模具行业集中了计算机、机械制造、机电一体化等专业的人才和高级管理人才,更为突出地体现了技术密集型、资金密集型和人才密集型等专业特性。

由于中、大型模具的轮廓尺寸较大,冲压件多数是由较复杂的三维曲面构成的,冲压件的表面精度和质量要求特别高,所以对其加工和检测的难度很大。模具的工作型面、轮廓及孔位加工大多采用数控加工工艺,主要的加工设备为大型数控

铣床、大型数控加工中心,产品检测也采用了高精度数显或激光检测设备。为了分析产品的变形过程和可能出现的缺陷,确保产品冲压工艺制定的准确合理,多数产品在设计之前首先要进行冲压过程模拟分析,根据分析后获得的结果和数据再进行模具设计与制造,从而保证了模具的质量和制件的要求。对于模具的生产过程管理和质量控制,中、大型企业普遍实行了网络化、数字化管理,加工程序和信息传递通过内部局域网直接传输到加工设备上或工作地,使模具的整个过程都步入了较先进的科学化和信息化行列。

从制造成本上看,用于模具加工、调试和检测的设备价格比较昂贵,其加工成本很高,所投入的人力、物力和财力也相当高。综上所述,我们认为模具这种特殊的商品是现代高科技的产物,是为生产现代化社会所需商品必备的精密工装。

#### 5.1.1.2　大型冲压模具的划分

根据模具的特殊性,中、大型冲压模具按照下底板的周界尺寸来进行规格划分,设模具下底板的长度为 $L$、宽度为 $B$(去掉起重臂或起重吊耳部分),则模具下底板的半周长就等于 $L+B$。

(1) 当 1 400 mm≤半周长($L+B$)≤2 500 mm 时,即划分为中型冲压模具;

(2) 当 2 500 mm≤半周长($L+B$)≤4 500 mm 时,即划分为中大型冲压模具;

(3) 当半周长($L+B$)>4 500 mm 时,即划分为大型冲压模具。

中、大型冲压模具的种类较多,本章将重点论述落料模、冲孔模、落料冲孔模、拉延模、修边模、修边冲孔模、翻边模、整形模、翻边整形模、成形模、截断剖切模、压弯模、楔类模(冲压动作是由斜楔、吊楔结构而完成的模具)等几类模具的估价方法。

### 5.1.2　中、大型冲压模具价格估算的适用范围

本章介绍的估算方法及计算参数,原则上是在较为先进的工艺条件下,在技术密集型、资金密集型和人才密集型等专业特性诸多因素的前提下制定的。模具是一种特殊的商品,因为涉及、影响模具价格的因素很多,所以价格估算的准确性会受到一定的局限,读者在实际应用中应根据产品的类别和性质进行判断和灵活运用。

以下是对本方法的两点说明:

(1) 适用于下底板的半周长≥1 400 mm 的模具,价格类别为出厂价格(忽略第 1 章的"其他费用 $Q$");

(2) 适用于冲压金属板类冷冲压模具,并且是按照单件进行验收的单工序类模具。

## 5.2 中、大型冲压模具价格估算公式及参数

根据冷冲压模具的特性,在本章中介绍两种估算方法,一是实体重量估算法,二是逐项成本费用估算法。

### 5.2.1 实体重量估算法

实体重量估算法就是将构成模具总价格的每个组成部分,按模具的重量成比例地分配到模具中去。测定单位模具重量的含金当量值后,根据计算出来的模具实体重量估算该模具的销售成本或销售价格。按照重量估算中、大型冲压模具的公式:

销售价格 = 实体重量 × 重量含金额度 × 修正系数 × (1 + 利润率) × (1 + 税率)

计算公式:

$$\begin{aligned} P &= WA_0(1 + K_1 + K_2 + K_3 + K_4)(1 + p_r)(1 + t_r) \\ &= VK_w \rho A_0(1 + K_1 + K_2 + K_3 + K_4)(1 + p_r)(1 + t_r) \\ &= LBHK_w \rho A_0(1 + K_1 + K_2 + K_3 + K_4)(1 + p_r)(1 + t_r) \\ &= (L_1 + 2l)(B_1 + 2b) HK_w \rho A_0(1 + K_1 + K_2 + K_3 + K_4)(1 + p_r)(1 + t_r) \end{aligned}$$

(5.1)

式中:$P$——按重量估算的大、中型冲模的销售价格(万元);

$W$——模具是实体重量(t);

$V$——中、大型冲模轮廓尺寸所包含的体积($m^3$);

$K_w$——中、大型冲模的实体重量系数(见表5.1);

$\rho$——模具材料的密度($kg/m^3$);

$A_0$——含销售成本的重量含金额度(万元/t);

$K_1$——制件的曲面与形状复杂因素系数(见表5.2);

$K_2$——制件精度因素系数(见表5.3);

$K_3$——冲模材料因素系数(见表5.4);

$K_4$——冲模结构因素系数(见表5.5);

$L$——模具下底板的长度(m);

$B$——模具下底板的宽度(m);

$H$——模具的闭合高度(m,由用户提供的压力机规格确定);

$L_1$——制件在本工序中的轮廓投影长度(m);

$B_1$——制件在本工序中的轮廓投影宽度;

$2l$——下底板长度方向放出量(m);

$2b$——下底板宽度方向放出量(m);

$p_r$——成本利润率(见表5.6,仅供参考);

$t_r$——综合税率(见表5.6,仅供参考)。

**1. 模具的实体重量 $W$**

在模具结构总图未设计出来前,很难精确地计算出模具的实际重量,所以在进行价格估算时需要得到一个趋近于实际重量的数值作为价格估算依据,其估算公式为

$$W = VK_w\rho = LBHK_w\rho = (L_1 + 2l)(B_1 + 2b)HK_w\rho \tag{5.2}$$

**2. 含销售成本的重量含金额度 $A$(吨位价格)**

模具的含金额度 $A$ 的意义与第2章基本一致,是根据不同类别的制件而制定的,含金额度 $A$ 值中包含着全部设计、准备、制造和管理的含金量,它的单位是万元/t。不同企业其 $A$ 值也各不相同,而且同一企业在不同时期 $A$ 值也应根据市场的变动而变化,它是根据本企业在某年度平均测算出来的一个综合数值。

**3. 模具的实体重量系数 $K_w$**

见表5.1。

表5.1 下底板放量 $2l$ 与 $2b$ 实体重量系数 $K_w$

| 模具类型 | 制件半周长 $(L+B)$(m) | 下底板放出量 $2l$(m) | 下底板放出量 $2b$(m) | 闭合高度 $H$(m) | $K_w$ |
|---|---|---|---|---|---|
| 落料冲孔模 | <1.40 | 0.50 | 0.40 | 根据用户所使用设备的闭合高度及模具需要的高度确定 | 0.55 |
| 落料冲孔模 | 1.40~2.40 | 0.70 | 0.60 | | 0.50 |
| 落料冲孔模 | >2.40 | 0.90 | 0.60 | | 0.45 |
| 双动拉延模 | <1.40 | 0.80 | 0.60 | | 0.40 |
| 双动拉延模 | 1.40~2.40 | 0.95 | 0.70 | | 0.38 |
| 双动拉延模 | >2.40 | 1.10 | 0.80 | | 0.35 |
| 单动拉延模 | <1.40 | 0.80 | 0.60 | | 0.43 |
| 单动拉延模 | 1.40~2.40 | 0.95 | 0.70 | | 0.40 |
| 单动拉延模 | >2.40 | 1.10 | 0.80 | | 0.38 |

续表

| 模具类型 | 制件半周长 $(L+B)$(m) | 下底板放出量 $2l$(m) | 下底板放出量 $2b$(m) | 闭合高度 $H$(m) | $K_w$ |
|---|---|---|---|---|---|
| 修边冲孔模 | <1.40 | 0.65 | 0.50 | | 0.50 |
| | 1.40~2.40 | 0.80 | 0.70 | | 0.45 |
| | >2.40 | 1.10 | 0.90 | | 0.40 |
| 翻边整形模 | <1.40 | 0.50 | 0.40 | | 0.48 |
| | 1.40~2.40 | 0.70 | 0.60 | | 0.45 |
| | >2.40 | 0.90 | 0.80 | | 0.40 |
| 切断剖切模 | <1.40 | 0.60 | 0.50 | | 0.48 |
| | 1.40~2.40 | 0.70 | 0.55 | | 0.44 |
| | >2.40 | 0.80 | 0.65 | | 0.42 |
| 成形模 | <1.40 | 0.70 | 0.60 | | 0.48 |
| | 1.40~2.40 | 0.80 | 0.70 | | 0.45 |
| | >2.40 | 1.00 | 0.90 | | 0.40 |
| 压弯模 | <1.40 | 0.60 | 0.40 | | 0.50 |
| | 1.40~2.40 | 0.70 | 0.55 | | 0.45 |
| | >2.40 | 0.80 | 0.60 | | 0.42 |
| 斜楔模 | <1.40 | 0.90 | 0.60 | | 0.45 |
| | 1.40~2.40 | 1.00 | 0.70 | | 0.43 |
| | >2.40 | 1.20 | 0.90 | | 0.40 |

中、大型模具的铸件由于采用的是实型铸造工艺，它不但可以降低铸件的采购成本和加工成本，同时也降低了模具的整体重量，由图 5.1(a)和(b)可以看出，铸件的非工作部分的大部分都是空开的。

实体重量就是指根据模具整体轮廓体积计算出的重量，取相应的系数估算出模具全部加工完成后的实际重量。由于模具的类型和规格不同，其实体重量系数 $K_w$ 值也有所区别。在计算模具的实体重量时，我们需要计算出模具的实际体积的重量，而由模具轮廓尺寸所包容的体积经计算而得到的重量($V×\rho$)，并不是模具的实体重量。不同类型的模具即使模具轮廓尺寸相同，它们的实体重量并不相同，而同类型不同规格的模具，其重量与它们的轮廓尺寸之间的对应关系也不完全相同。所以需要给定一系列的对应的实体重量系数 $K_w$ 值来估算模具的实体重量,该重量用来作为估算模具价格的依据。

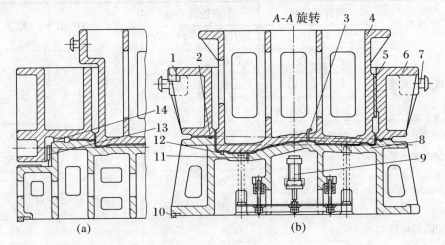

1,7. 起重棒; 2. 定位块; 3,11. 起重孔; 4. 凸模; 5. 导板; 6. 压料圈; 8. 凹模;
9. 顶件装置; 10. 定位键; 12. 到位标志器; 13. 防磨板; 14. 限位块

图 5.1 模具整体轮廓示意图

**4. 制件的曲面与形状复杂因素系数 $K_1$**

见表 5.2。

表 5.2 制件的曲面与形状复杂因素系数 $K_1$

| 制件的曲面与形状类别 | | | $K_1$ |
|---|---|---|---|
| 冲裁类 | 平制件 | 凹、凸模刃口曲线平缓,无沟槽,可以采用机加工与砂轮机修整完成的制件 | 0 |
| | | 凹、凸模刃口曲线复杂,有沟槽或采用机加工后通过钳工精修完成的制件 | 0.1~0.3 |
| | 立体制件 | 修边刃口曲线变化平缓,高低起伏不大,只需垂直修边的制件 | 0.1~0.3 |
| | | 修边刃口曲线变化较为复杂,高低起伏不大,可以垂直修边,局部需要采用斜楔进行修边完成的制件 | 0.2~0.5 |
| 成形类 | 一级曲线 | 制件周围是曲线,顶面均为平面,其凸模或凹模基本不采用数控加工 | 0.1 |
| | 二级曲线 | 制件是比较平滑的立体曲面,拉延深度不大,其凸模或凹模必须采用数控加工 | 0.1~0.3 |
| | 三级曲线 | 制件是比较复杂且拉延深度起伏较大的立体曲面,其凸模与凹模必须采用数控加工 | 0.2~0.4 |

制件的曲面与形状复杂程度不同，直接影响模具的结构设计、加工和调试，它是决定模具制造成本的重要因素，因此，在估算模具价格时，必须将由这些因素导致的成本计算进去。

**5．制件精度因素系数 $K_2$**

见表5.3。

表5.3　制件精度因素系数 $K_2$

| 料厚（mm） | 制件公差等级 | $K_2$ | 基本尺寸（mm） | 公差等级 | | | |
|---|---|---|---|---|---|---|---|
| | | | | IT10 | IT11 | IT12 | IT13 |
| ≤3 | IT10 | 0.4 | ≤3 | 0.040 | 0.060 | 0.100 | 0.140 |
| >3~10 | IT11 | | >3~6 | 0.048 | 0.075 | 0.120 | 0.180 |
| ≤3 | IT11 | 0.2 | >6~10 | 0.058 | 0.090 | 0.150 | 0.220 |
| >3~10 | IT12 | | >10~18 | 0.070 | 0.110 | 0.180 | 0.270 |
| ≤3 | IT12 | 0.1 | >18~30 | 0.084 | 0.130 | 0.210 | 0.330 |
| >3~10 | IT13 | | >30~50 | 0.100 | 0.160 | 0.250 | 0.390 |
| 车种 | 制件类别 | $K_2$ | 尺寸公差(mm) >50~80 | 0.120 | 0.190 | 0.300 | 0.460 |
| | | | >80~120 | 0.140 | 0.220 | 0.350 | 0.540 |
| 卡车 | 内覆盖件 | 0.1 | >120~180 | 0.160 | 0.250 | 0.400 | 0.630 |
| | 外覆盖件 | 0.2 | >180~250 | 0.185 | 0.290 | 0.460 | 0.720 |
| | 骨架连接件 | 0.05 | >250~315 | 0.210 | 0.320 | 0.520 | 0.780 |
| | 梁类件 | 0 | >315~400 | 0.230 | 0.360 | 0.570 | 0.890 |
| 轿车 | 内覆盖件 | 0.2 | >400~500 | 0.250 | 0.400 | 0.630 | 0.970 |
| | 外覆盖件 | 0.3 | >500 | 0.280 | 0.440 | 0.700 | 1.100 |
| | 骨架连接件 | 0.1 | | | | | |
| | 梁类件 | 0.15 | | | | | |

### 6. 冲模材料因素系数 $K_3$

见表 5.4。

表 5.4 冲模材料因素系数 $K_3$

| 冲模类型 | | 常用材料 | $K_3$ | 选用材料 | $K_3$ |
|---|---|---|---|---|---|
| 冲裁类 | 落料冲孔 修边冲孔 切断 | HT250 20～45 T8A～T12A | 0 | ZG45 | 0.02 |
| | | | | YBD-2、 7CrSiMnMoV | 0.03 |
| | | | | 9Mo2V Cr12MoV | 0.05 |
| 成形类 | 成形弯曲 翻边弯曲 | HT250 20～45 T8A～T12A | 0 | 9Mo2V Cr12MoV | 0.05 |
| | | | | Cr12MoV | 0.08 |
| 拉延类 | 拉延 | HT250～300 | 0 | MoCr/MoV | 0.05 |
| | | | | QT60-2 | 0.10 |

### 7. 冲模结构因素系数 $K_4$

见表 5.5。

表 5.5 冲模结构因素系数 $K_4$

| 序 号 | 冲模结构类型 | $K_4$ |
|---|---|---|
| 1 | 常规结构(工作部分为钢镶件,有导向、顶出、压料、退料装置) | 0 |
| 2 | 在常规结构上增加自动进、出料装置 | 0.05～0.15 |
| 3 | 多工位、结构复杂 | 0.05～0.30 |
| 4 | 氮气缸压料、整形、上下双活动结构 | 0.1～0.2 |
| 5 | 大型(滑块斜面长度在 1 m 以上)的吊楔、斜楔机构 | 0.15～0.25 |
| 6 | 结构简单、无导向 | -(0.02～0.05) |
| 7 | 镶块为铸件、堆焊刃口 | -(0.05～0.15) |
| 8 | 制件用孔定位,基本无立体面 | -(0.05～0.20) |
| 9 | 钢板焊接结构 | -(0.10～0.15) |

模具结构是由多种因素决定的,它与设备的参数、送料方式、排料方式、操作方式、制件的精度和制件的料厚等因素有关,它直接影响模具的采购和制造成本。

**8. 利润率 $p_r$ 和综合税率 $t_r$**

见表 5.6。

表 5.6 利润率 $p_r$ 和综合税率 $t_r$

| 利润率 | 综合税率 |
|---|---|
| 10%～15% | 17%～18.5% |

利润率各企业可根据市场的变化和订货类型进行自我调节,在订货方面和供货方双方之间以达到共同认可的条件下取值,其范围一般是 10%～15%,综合税率包含增值税和教育附加税等,其范围一般是 17%～18.5%。

## 5.2.2 逐项成本费用估算法

按照模具实际发生的费用构成,模具的成本可以分为冲压过程模拟与分析、结构设计、材料采购、制造加工与管理,这些费用的发生构成了模具整个完成过程实际成本的消耗,再加上合理的利润和税金就构成了模具的销售价格。按照逐项成本来估算模具价格具有一定的依据和准确性,它的估算较为繁琐,适应于小批量大型覆盖件的模具价格估算,其计价公式为

销售价格 ＝ [(模拟分析与冲压过程图工时费 ＋ 模具基价) × 修正系数 ＋ 设计费]
× (1 ＋ 管理费用率) × (1 ＋ 成本利润率) × (1 ＋ 综合税率)

这里针对中、大型模具,引入了模具基价的概念,它是最基本结构的模具的生产费用 $MJ$（材料费、制造费）,计算公式为

$$\begin{aligned} MJ &= M_1 + M_2 \\ &= m_z + m_D + m_{13} + P_c + N_c + Z_c + T_c \\ &= W_z C_z + W_D C_D + m_{13} + P_f H_p + N_{cc} H_{nc} + Z_p H_z + T_s H_t \\ &= W K_{w_z} C_z + W K_{w_D} C_D + m_{13} + P_f H_p + N_{cc} H_{cc} + Z_p H_z + T_s H_t \end{aligned} \quad (5.3)$$

在此基础上,根据经验另外再选取 4 个系数估算模具的生产成本,于是,按成本估算的中、大型冲模计算公式为

$$\begin{aligned} M_c &= \{(M_n + MJ)(1 + K_5 + K_6 + K_7 + K_8) + D_d\}(1 + g)(1 + p_r)(1 + t_r) \\ &= \{(M_f H_m + MJ)(1 + K_5 + K_6 + K_7 + K_8) + M_J \times d\}(1 + g)(1 + p_r)(1 + t_r) \end{aligned}$$
(5.4)

式中:$W$——模具的实体重量(t,同重量估算法一致);

$M_n$——产品的冲压模拟分析和冲压过程图工时费(万元);

$M_f$——产品的冲压模拟分析和冲压过程图工时单价(万元/h,见表 5.7);

$H_m$——产品的冲压模拟分析和冲压过程图工时(见表 5.7);

$M_J$——模具基价(万元);

$M_1$——材料费(万元);

$M_2$——加工费(万元);

$K_5$——型槽因素系数(见表 5.9);

$K_6$——制件材料厚度因素系数(见表 5.10);

$K_7$——试验决定因素系数(见表 5.11);

$K_8$——模具传送机构因素系数(见表 5.12);

$m_z$——铸件费用(万元);

$W_z$——铸件重量(t);

$K_{w_z}$——铸件占模具总重量的比率;

$C_z$——铸件单价(万元/t);

$m_D$——锻件费用(万元);

$W_D$——锻件重量(t);

$K_{w_D}$——锻件占模具总重量的比率;

$C_D$——锻件单价(万元/t);

$m_{13}$——外购件费用(万元);

$D_d$——模具的设计费(万元);

$d$——设计费用率(8%~15%);

$P_c$——普通加工费(万元);

$N_c$——数控加工费(万元);

$Z_c$——装配精修费(万元);

$T_c$——模具调试费(万元);

$P_f$——普通加工工时单价(万元/h);

$H_p$——普通设备工时(h,见表 5.8);

$N_{cc}$——数控加工工时单价(万元/h);

$H_{nc}$——数控加工工时(h,见表 5.8);

$Z_p$——装配研修工时单价(万元/h);

$H_z$——装配研修工时(h,见表 5.8);

$T_s$——模具调试工时单价(万元/h);

$H_t$——模具调试工时(h,见表 5.8);

$g$——管理费用率;

$p_r$——利润率(见表 5.6);

$t_r$——综合税率(见表 5.6)。

**1. 冲压模拟分析和冲压过程图工时费 $M_n$**

产品在结构设计(CAD)前,一般应通过计算机软件进行模拟(CAE)产品冲压工艺过程,根据模拟结果的数据和分析做出可行产品的冲压过程(冲压工艺)图。这里没有整体提出模具开发费用,主要是考虑到实际运作时 CAD 和 CAE 可能分属两个部门。冲压模拟分析举例如图 5.2 所示。

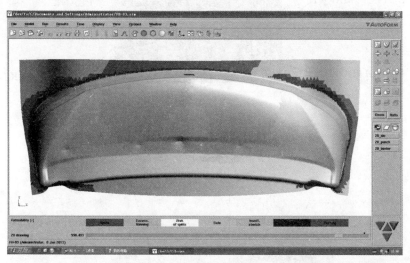

(a) 冲压模拟分析图1

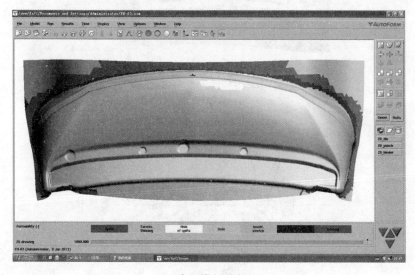

(b) 冲压模拟分析图2

图 5.2

经分析:前方圆角处破裂,改善润滑状态就可消除破裂。
顶盖冲压工序分析结果及解决方案如图5.3所示。

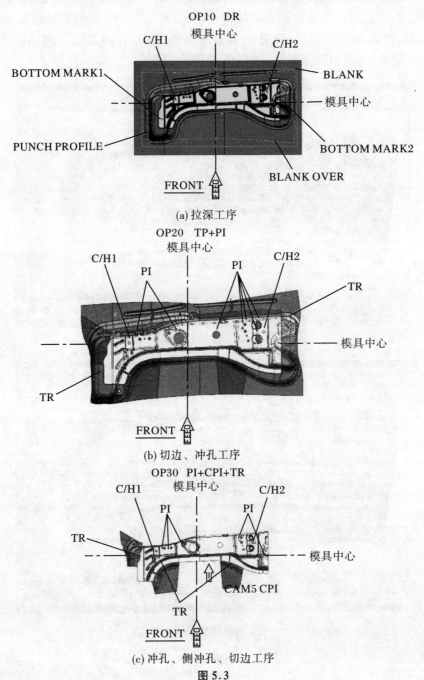

图 5.3

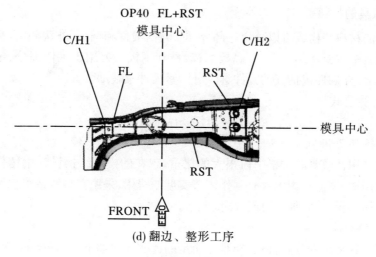

(d) 翻边、整形工序

图 5.3(续)

冲压模拟分析和冲压过程图工时费 $M_n$ 的计算公式为

$$M_n = M_f H_m$$

表 5.7 提供的产品模拟分析和冲压过程图工时与工时价格仅供参考,在实际估算产品模拟分析和冲压过程图费用时,需按照本企业的性质、设备价值和折旧费用计算,由于各个企业的实际情况不同,采用的分析软件不一致,所制定的模拟工时和发生的成本要根据市场价格水平、订货企业的性质和本企业的水平进行估算。

表 5.7 冲压模拟分析和冲压过程图工时与费用表

| 制件类别 | 冲压模拟分析和冲压过程图工时 $H_m$ | | 工时单价 $M_f$(万元/h) |
|---|---|---|---|
| | 制件范围(长+宽)(mm) | 工时(h) | |
| 一级曲线制件 | <1 500 | 180~220 | 0.028~0.03 |
| | 1 500~2 500 | 221~225 | |
| | >2 500 | 256~280 | |
| 二级曲线制件 | <1 500 | 210~240 | |
| | 1 500~2 500 | 241~275 | |
| | >2 500 | 276~320 | |
| 三级曲线制件 | <1 500 | 240~280 | |
| | 1 500~2 500 | 281~320 | |
| | >2 500 | 321~360 | |

注:部分单位(包括国外)也采用按整个模具项目比例(例如 5%)计算分析费。

## 2. 模具的材料费 $M_1$

模具的材料费构成可以分为三部分,即铸件、锻件和钢板、外购件(含标准件),铸件在模具中主要使用在上、下底板上;锻件和钢板主要用于工作部分、定位部分和压料部分;外购件包括气动元件、标准件、紧固件及辅助装置。

$M_1$ 计算公式为

$$M_1 = m_z + m_D + m_{13}$$

(1) 铸件费用 $m_z$

铸件费用在模具总价格中占很大的比重,现在的模具结构设计中铸件大部分采用实型铸造,铸造费用中含有制作铸造实型的费用,采用实型铸造可以大大减少模具的整体重量,节省加工时间,降低成本。

① 铸件总质量 $W_z$。

按照模具类型划分,铸件占模具总质量的比例大致如下:拉延模的铸件占模具总实体重量的 95%～98%,因为拉延模主要是由凸模、凹模和压力圈三大部分组成的,它们的材料全部是铸件,主要采用灰口铸铁或铸钢。

模具总重量的计算可以按照本章 5.2.1 节中介绍的实体重量估算方法进行估算。

② 铸件平均单价 $C_z$。

铸件材料的价格要根据当时的市场价格进行制定,由于钢材市场是随着国际市场和矿石的波动进行调节的,价格经常变化,在估算价格时需要按照当时的市场价格进行计算。

(2) 锻件费用 $m_D$

锻件在模具中主要用于冲裁类模具的工作部分凸模、凹模的刃口和定位等部分,以及成形类模具的工作部分。锻件大部分采用碳素工具钢、合金工具钢和特殊工具钢。锻件的费用要由模具的类型和结构决定。

① 锻件总质量 $W_D$。

我们在估算锻件重量时,要按照模具类型、模具结构和冲压板料的厚度的变化进行计算,以下是三种常用模具的锻件占模具总重量的大致比例。

拉延模:2%～5%;

落料和修边类:20%～25%;

成形和翻边类:10%～15%。

② 锻件平均单价 $C_D$。

锻件的价格也同铸件一样随着市场的行情而变化,其单价无法给出一个定值。

③ 外购件的费用 $m_{13}$。

包括快换冲头套件、楔类件、汽缸、导柱、导套、导板、紧固件等,价格需根据市场的价格变化和所需数量进行计算。

**3. 模具的加工费 $M_2$**

模具的加工费基本由四大部分构成,即普通设备加工费 $P_c$、数控加工费 $N_c$、钳工装配精修费 $Z_c$ 和模具调试费 $T_c$,这四大费用完全可以体现出模具所发生的成本,表 5.8 中所提供的四大部分加工工时,基本可以作为模具估价的基数成本工时,其计算公式为

$$M_2 = P_c + N_c + Z_c + T_c$$

表 5.8　加工工时定额　　　　　　　　　　（单位:h）

| 类型 | 中型 | | | 中大型 | | | | 大型 | | |
|---|---|---|---|---|---|---|---|---|---|---|
| 一级制件曲线落料模 | | | | | | | | | | |
| 半周长(mm) | 1400~1700 | 1710~2100 | 2110~2500 | 2510~3000 | 3010~3500 | 3510~4000 | 4010~4500 | 4510~5000 | 5010~5400 | 5410~5800 |
| 数控加工 | 12 | 16 | 20 | 26 | 32 | 56 | 56 | 68 | 72 | 84 |
| 普通设备 | 155 | 190 | 233 | 287 | 347 | 417 | 417 | 543 | 661 | 739 |
| 装配修研 | 140 | 161 | 182 | 224 | 280 | 358 | 358 | 455 | 504 | 560 |
| 模具调试 | 34 | 37 | 41 | 48 | 54 | 65 | 65 | 66 | 75 | 78 |
| 一级曲线落料冲孔模 | | | | | | | | | | |
| 半周长(mm) | 1400~1700 | 1710~2100 | 2110~2500 | 2510~3000 | 3010~3500 | 3510~4000 | 4010~4500 | 4510~5000 | 5010~5400 | 5410~5800 |
| 数控加工 | 12 | 16 | 20 | 26 | 32 | 40 | 56 | 68 | 72 | 84 |
| 普通设备 | 167 | 206 | 254 | 306 | 340 | 368 | 479 | 584 | 652 | 731 |
| 装配修研 | 0 | 0 | 0 | 0 | 0 | 0 | 0 | 0 | 0 | 0 |
| 模具调试 | 40 | 44 | 48 | 56 | 64 | 70 | 76 | 78 | 88 | 92 |

普通设备加工包括中小型车、铣、刨、磨、钻床等普通加工,它主要加工冲裁类工作刃口的镶块、废料刀和成形类模具的定位板、固定板等零件,是一个综合性的平均工时。

数控加工大多指采用三轴数控机床加工大、中型模具的工作型面、基准面、窝座和各种型孔部分。

装配与精修包括模具的初组装、周转工序、精装配、刃口精修和型面研修的装配钳工的工作量。

模具调试是指模具在装配完成后,在压力机上进行反复精研修型面、刃口间隙和各个辅助装置的功能满足设计和使用要求,并调试出满足设计要求的合格制件。

这四个部分是工时单价,同样是要根据各个企业或同行业的市场价格变化而定价的。工时单价根据企业性质不同,其价格水平也有所区别,它是一个变量,它要根据订货方的国别、企业性质(如外企、合资、国企或私企等)来制定估算用的设备和人工工时单价,取价原则应当制定在平均水平范围内。

**4. 模具型槽因素系数 $K_5$**

见表5.9。

表5.9 模具型槽因素系数 $K_5$

| 模具类型 | 型槽数 | $K_5$ | 模具类型 | 型槽数 | $K_5$ |
|---|---|---|---|---|---|
| 落料模<br>落料冲孔模 | 2 | 0.15 | 压弯模<br>成形模 | 2 | 0.50 |
| | 3 | 0.30 | | 3 | 0.80 |
| | 4 | 0.50 | | 4 | 1.20 |

多型槽是指在一套模具结构中由两个或两个以上的型槽,在冲压过程中实现同时冲压两个或两个以上的制件。一般在落料、落料冲孔、压弯、成形类模具中采用这样的结构,可以提高生产效率和材料利用率。多型槽结构由于在设计和制造上增加了制造和调试难度,这种技术附加值应体现到模具价格中。

**5. 制件材料厚度因素系数 $K_6$**

见表5.10。

表5.10 制件材料厚度因素系数 $K_6$

| 制件材料厚度(mm) | $K_6$ |
|---|---|
| <0.5 | 0.25 |
| 0.5~6 | 0.1 |
| >6 | 0.2 |

制件板料的厚度直接关系到模具工作部分和底板材料的选择,也直接影响模具结构的设计。过薄的板料对于冲裁间隙和加工精度要求很高,模具的制造难度加大,所耗用的制造和调试工时会增加;过厚的板料直接影响模具整体的强度和刃口材料的硬度要求,这样对于材料的选择会直接涉及成本的提高。

**6. 试验决定因素系数 $K_7$**

见表5.11。

表 5.11　试验决定因素系数 $K_7$

| 供试验的模具类型 | 待试验决定最终尺寸的模具类型 | | $K_7$ |
|---|---|---|---|
| 翻边模<br>翻口模 | 冲孔模 | 圆形 | 0.05 |
| | | 一级曲线 | 0.10 |
| 拉延模<br>成形模<br>整形模<br>弯曲模 | 落料模<br>落料冲孔 | 圆形 | 0.05 |
| | | 一级曲线 | 0.10 |
| | | 二级曲线 | 0.15 |
| | | 三级曲线 | 0.20 |
| 翻边类 | 修边模 | 一级曲线 | 0.15 |
| | | 二级曲线 | 0.20 |
| | | 三级曲线 | 0.25 |

某些主要冲压零件在图样上标注的尺寸仅为参考尺寸，它最终的正确尺寸取决于该冲压工序的初始制件，这需要在相关的后道或前道冲压工序的模具上经过反复试验后才能确定最终尺寸。对于较复杂的、形状很不规则的制件的落料尺寸或修边尺寸需采用试验决定，为此，将试验过程中所发生的工作量反映到制造工时中。

**7. 模具传送机构因素系数 $K_8$**

见表 5.12。

表 5.12　模具传送机构因素系数 $K_8$

| 模具结构类型 | $K_8$ | |
|---|---|---|
| | 模具结构 | |
| | 托料式送料 | 气动装置或退料机构 |
| 常规结构模具 | 0.05 | 0.10 |
| 联合安装模具 | 0.10 | 0.15 |

模具传送结构是制件在冲压过程中为了保证质量要求、排料方式、托料方式及工序间的衔接能顺利地完成，额外设计的一些辅助机构，这样会比正常的模具装配和调试增加工作量。在价格估算中，模具传送结构因素还会影响到模具的安装尺寸，它不但使材料费发生变化，还会增加制造和调试费用，这是不可忽视的费用。

**8. 模具设计(CAD)费 $D_d$**

设计费的估算很难统一,因为各个厂家采用的设计专用的设备和软件等级不同,其计算的标准也不同。大部分中大型企业使用的是正版设计软件,其发生的成本也很高,各个企业可根据本企业的性质和实际情况估算设计费用。这里介绍一种简单的估算方法供同行借鉴,照模具的基价取百分比进行估算,即

$$设计费 = 模具基价 \times 设计费用率$$

$$D_d = MJ \times d$$

设计费用率 $d$ 的取值范围是 10%～15%。

**9. 管理费用率 $g$**

模具在整个设计与制造过程中,不但直接发生以上的成本费用,同时也在发生为了保证正常生产过程、采购过程和销售过程的间接费用,如管理人员与服务人员的工资开销、办公费、差旅费、运输费、动能费、折旧费、消耗性材料费、低值易耗品摊销、银行利息支付等费用,这些费用是在整个模具制造过程中必须发生的,所以这部分费用应计入模具的销售价格中。其中部分确定性费用(如差旅费、运输费)可以不列入管理费,费用和客户协商确定。一般管理费用率的取值范围是 8%～12%。

## 5.3 中、大型冲压模具价格的计价步骤

上面分别介绍了两种常用的价格估算方法,在实际应用中可根据具体情况选用。两种估价方法的计算步骤和公式不同,建议在模具大批量订货报价时使用实体重量估算法,小批量大型覆盖件订货,采用逐项成本费用估算法。例如,整车工装费用报价时,不需要很详细的项目报价,采用实体重量法估算既快又省时间,它的价格核定和评价也很粗略,最终审核的是一个综合水平;小批量大型覆盖件模具订货,特别是一个新的客户,对一个陌生的企业通常会有一个考评和询价的过程,所以要求报价的项目会很具体详细,它会同时向几个厂家发出同样的询价函和报价资料,最终汇总并进行综合评定,以便衡量和了解报价方的能力状况和价格水平。下面将分别介绍两种报价方法的估算步骤,以便使用者应用。

## 5.3.1 实体重量估算法的计价步骤

**1. 制定冲压工艺**

(1) 根据制件的尺寸、形状和复杂程度,制定出完成本制件的全部冲压工艺(几道工序);

(2) 确定出模具结构类型。

**2. 计算模具的实体重量**

(1) 依据制件在本工序的轮廓投影长度 $L_1$、宽度 $B_1$ 选取模具的下底板的放出量 $2l$、$2b$ 与实体重量系数 $K_w$(见表5.1);

(2) 依据用户提供的压力机的设备规格和特殊要求确定模具的闭合高度 $H$。

(3) 确定钢材的密度 $\rho$,模具一般取 7 850 kg/m³;

(4) 依据式(5.2)估算出模具的实体重量 $W$。

**3. 确定估算模具价格的各种参数**

(1) 根据本时期与本企业的订货类型确定含销售成本的重量含金额度(万元/t);

(2) 依据制件的形状类别确定制件形状复杂因素系数 $K_1$(见表5.2);

(3) 依据制件的料厚、形状类别和公差等级确定制件精度因素系数 $K_2$(见表5.3);

(4) 依据模具的类型与模具所选择的材料确定冲模材料因素系数 $K_3$(见表5.4);

(5) 依据模具的结构类型确定冲模结构因素系数 $K_4$(见表5.5);

(6) 确定成本利润率 $p_r$ 和综合税率 $t_r$(见表5.6)。

**4. 依据式(5.1)估算出模具的销售价格 $P$**

## 5.3.2 逐项成本费用估算法的计价步骤

(1) 按照制件的类型估算模拟分析与冲压过程图的工时,根据实时计算费用 $M_n$;

依据冲压模拟分析和冲压过程图工时与费用表确定 $M_f$ 与 $H_m$,公式为

$$M = M_f H_m$$

(2) 计算出中、大型模具的基价 $M_J$。

① 可按照实体重量估算法计算模具的实体重量 $W$。

② 计算出铸件费用 $m_z$。

按照模具的实体重量取铸件所占的百分比进行计算,铸件材料价格要根据当时的市场价格进行制定。$m_z$ 的计算公式为

$$m_z = W_z C_z = W K_{w_z} C_z$$

拉延模：$K_{w_z} = 95\% \sim 98\%$；

其他类型：$K_{w_z} = 75\% \sim 90\%$。

③ 计算出锻件的价格 $m_D$。

按照模具的实体重量取铸件所占的百分比进行计算,铸件材料价格要根据当时的市场价格进行制定。$M_D$ 的计算公式为

$$m_D = W_D C_D = W K_w C_D$$

落料和修边类：$K_w = 20\% \sim 25\%$；

成形和翻边类：$K_{w_D} = 10\% \sim 15\%$。

④ 根据市场的价格变化和所需数量计算出外购件的费用 $m_{13}$。

(3) 估算出模具的加工费 $M_2$。

① 计算普通加工费 $P_c$。

普通加工工时按照表5.8所列的工时选定,加工费根据各个企业或同行业的市场价格变化而定。$P_c$ 的计算公式为

$$P_c = P_f H_p$$

② 计算数控加工费 $N_c$。

数控加工工时按照表5.8所列的工时选定,加工费根据各个企业或同行业的市场价格变化而定。$N_c$ 的计算公式为

$$N_c = N_{cc} H_{nc}$$

③ 计算装配精修费 $Z_c$。

装配精修工时按照表5.8所列的工时选定,加工费根据各个企业或同行业的市场价格变化而定。$Z_c$ 的计算公式为

$$Z_c = Z_p H_z$$

④ 计算模具调试费用 $T_c$。

模具调试工时按照表5.8所列的工时选定,加工费根据各个企业或同行业的市场价格变化而定。$T_c$ 的计算公式为

$$T_c = T_s H_t$$

(4) 确定估算模具价格的各种修正系数。

① 按型槽数量选择模具的型槽因素系数 $K_5$（见表5.9）；

② 按制件的材料厚度选择模具的厚度因素系数 $K_6$（见表5.10）；

③ 按待试验决定最终尺寸的模具类型选择试验决定因素系数 $K_7$（见

表5.11);

④ 按模具机构类型选择模具传送机构因素系数 $K_8$(见表5.12)。

(5) 确定模具的设计费 $D_d$。

设计费用率的取值范围为10%~15%,$D_d$的计算公式为

$$D_d = M_J \times d$$

(6) 确定管理费用率 $g$、利润率 $P_r$ 和综合税率 $t_r$。

① 确定管理费用率 $g$,一般取值范围为8%~12%;

② 确定利润率 $P_r$,一般取值范围为10%~15%;

③ 确定综合税率 $t_r$,一般取值范围为17%~18.5%。

(7) 依据式(5.4)估算出模具的销售成本价格。

## 5.4 中、大型冲压模具计价实例(汽车覆盖件模具)

车门板修边冲孔模、侧位板拉延模及罩板修边斜楔冲孔模的计价实例见表5.13~表5.15;表中的制件和模具结构图例只供参考,在报价中按照实际情况应用。

**表5.13 车门板修边冲孔模价格估算**

| 制件名称 | 车门板 | 模具名称 | 修边冲孔模 | 板料厚度 | 1.0 mm | 制件材料 | ST14Z |
|---|---|---|---|---|---|---|---|

制件简图　　　　　　　　　结构简图

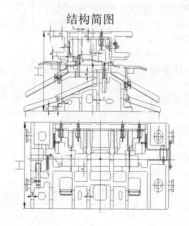

尺寸:1.35 m × 0.75 m

续表

| 制件名称 | 车门板 | 模具名称 | 修边冲孔模 | 板料厚度 | 1.0 mm | 制件材料 | ST14Z | |
|---|---|---|---|---|---|---|---|---|
| 制件本序投影尺寸(m) | | 长:$L_1$ | 宽:$B_1$ | 压床闭合高度:$H$ | | 下底板放出量(m) | $2l$ | $2b$ |
| | | 1.6 | 0.9 | 1.1 | | | 1.1 | 1 |
| 项目 | 代号 | 参数 | 单位 | 项目 | | 代号 | 参数 | 单位 |
| 下底板半周长 长+宽 | | 4.6 | m | 模拟工时 | | $H_m$ | 320 | 小时 |
| 曲线等级 | | 二级 | | 模拟工时单价 | | $M_f$ | 0.028 | 万元/h |
| 钢的比重 | $\rho$ | 7.85 | | 铸件占总重量比率 | | $K_{W_z}$ | 85% | |
| 实体重量系数 | $K_w$ | 38% | | 铸件单价 | | $C_z$ | 0.65 | 万元/t |
| 形状复杂系数 | $K_1$ | 10% | | 锻件占总重量比率 | | $K_{W_D}$ | 15% | |
| 制件精度系数 | $K_2$ | 10% | | 锻件单价 | | $C_D$ | 1 | 万元/t |
| 模具材料系数 | $K_3$ | | | 外购件费用 | | $m_{13}$ | 1.2 | 万元/套 |
| 模具结构系数 | $K_4$ | | | 普通加工工时 | | $H_p$ | 888 | h |
| 模具型槽数系数 | $K_5$ | | | 普通加工工时单价 | | $P_f$ | 0.006 | 万元/h |
| 材料厚度系数 | $K_6$ | | | NC加工工时 | | $H_{nc}$ | 256 | h |
| 试验决定系数 | $K_7$ | 10% | | NC加工工时单价 | | $N_{cc}$ | 0.06 | 万元/h |
| 传动机构系数 | $K_8$ | | | 装配加工工时 | | $H_z$ | 880 | h |
| 设计费用率 | $d$ | 12% | | 装配加工工时单价 | | $Z_p$ | 0.0125 | 万元/h |
| 管理费用率 | $g$ | 10% | | 调试加工工时 | | $H_t$ | 148 | h |
| 成本利润率 | $p_r$ | 10% | | 调试加工工时单价 | | $T_s$ | 0.022 | 万元/h |
| 综合税率 | $t_r$ | 18.50% | | 重量含金额度 | | $A_0$ | 3.5 | 万元/t |
| 按实体重量估算价格 | | | | 按成本发生估算价格 | | | | |
| 模具重量(t) | | 16.833 | | 模具基价(万元) | | | 47.969 | |
| 销售价格(万元) | | 92.156 | | 销售价格(万元) | | | 98.044 | |

### 表5.14 侧围板拉延模价格估算

| 制件名称 | 侧围板 | 模具名称 | 拉延模 | 板料厚度 | 1.0 mm | 制件材料 | ST14Z |
|---|---|---|---|---|---|---|---|

制件简图　　　　　　　　　　　　结构简图

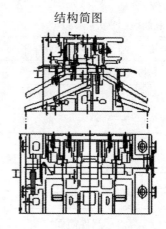

尺寸：1.10×0.80 m

| 制件本序投影尺寸(m) | 长：$L_1$ | 宽：$B_1$ | 压床闭合高度：$H$ | 下底板放出量(m) | $2l$ | $2b$ |
|---|---|---|---|---|---|---|
|  | 1.4 | 1 | 1.25 |  | 1.1 | 0.8 |

| 项目 | 代号 | 参数 | 单位 | 项目 | 代号 | 参数 | 单位 |
|---|---|---|---|---|---|---|---|
| 下底板半周长 长+宽 |  | 4.3 | m | 模拟工时 | $H_m$ | 320 | h |
| 曲线等级 |  | 二级 |  | 模拟工时单价 | $M_f$ | 0.028 | 万元/h |
| 钢的比重 | $\rho$ | 7.85 |  | 铸件占总重量比率 | $K_{w_z}$ | 95% |  |
| 实体重量系数 | $K_w$ | 35% |  | 铸件单价 | $C_z$ | 0.65 | 万元/t |
| 形状复杂系数 | $K_1$ | 10% |  | 锻件占总重量比率 | $K_{w_D}$ | 5% |  |
| 制件精度系数 | $K_2$ | 10% |  | 锻件单价 | $C_D$ | 1 | 万元/t |
| 模具材料系数 | $K_3$ |  |  | 外购件费用 | $m_{13}$ | 1.5 | 万元/套 |
| 模具结构系数 | $K_4$ |  |  | 普通加工工时 | $H_p$ | 194 | h |
| 模具型槽数系数 | $K_5$ |  |  | 普通加工工时单价 | $P_f$ | 0.006 | 万元/h |
| 材料厚度系数 | $K_6$ |  |  | NC加工工时 | $H_{nc}$ | 320 | h |
| 试验决定系数 | $K_7$ | 10% |  | NC加工工时单价 | $N_{cc}$ | 0.06 | 万元/h |
| 传动机构系数 | $K_8$ |  |  | 装配加工工时 | $H_z$ | 600 | h |
| 设计费用率 | $d$ | 12% |  | 装配加工工时单价 | $Z_p$ | 0.012 5 | 万元/h |

续表

| 项目 | 代号 | 参数 | 单位 | 项目 | 代号 | 参数 | 单位 |
|---|---|---|---|---|---|---|---|
| 管理费用率 | $g$ | 10% | | 调试加工工时 | $H_t$ | 140 | h |
| 成本利润率 | $p_r$ | 10% | | 调试加工工时单价 | $T_s$ | 0.022 | 万元/h |
| 综合税率 | $t_r$ | 18.50% | | 重量含金额度 | $A_0$ | 3.5 | 万元/t |
| 按实体重量估算价格 | | | | 按成本发生估算价格 | | | |
| 模具重量(t) | | 15.455 | | 模具基价(万元) | | 42.760 | |
| 销售价格(万元) | | 84.610 | | 销售价格(万元) | | 88.932 | |

表 5.15 罩板修边斜楔冲孔模价格估算

| 制件名称 | 罩板 | 模具名称 | 修边斜楔冲孔模 | 板料厚度 | 0.9 mm | 制件材料 | ST14Z |
|---|---|---|---|---|---|---|---|

制件简图

结构简图

尺寸：1.10×0.8 m

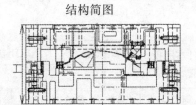

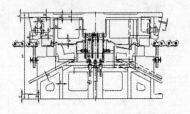

| 制件本序投影尺寸(m) | 长：$L_1$ | 宽：$B_1$ | 压床闭合高度：$H$ | 下底板放出量(m) | $2l$ | $2b$ |
|---|---|---|---|---|---|---|
| | 1 | 0.9 | 1.1 | | 1 | 0.7 |

| 项目 | 代号 | 参数 | 单位 | 项目 | 代号 | 参数 | 单位 |
|---|---|---|---|---|---|---|---|
| 下底板半周长 长+宽 | | 3.6 | m | 模拟工时 | $H_m$ | | 小时 |
| 曲线等级 | | 三级 | | 模拟工时单价 | $M_f$ | 0.028 | 万元/h |
| 钢的比重 | $\rho$ | 7.85 | | 铸件占总重量比率 | $K_{w_z}$ | 85% | |
| 实体重量系数 | $K_w$ | 43% | | 铸件单价 | $C_z$ | 0.65 | 万元/t |

续表

| 项目 | 代号 | 参数 | 单位 | 项目 | 代号 | 参数 | 单位 |
|---|---|---|---|---|---|---|---|
| 形状复杂系数 | $K_1$ | 15% | | 锻件占总重量比率 | $K_{W_D}$ | 15% | |
| 制件精度系数 | $K_2$ | | | 锻件单价 | $C_D$ | 1 | 万元/t |
| 模具材料系数 | $K_3$ | | | 外购件费用 | $m_{13}$ | 1.8 | 万元/套 |
| 模具结构系数 | $K_4$ | | | 普通加工工时 | $H_p$ | 650 | h |
| 模具型槽数系数 | $K_5$ | | | 普通加工工时单价 | $P_f$ | 0.006 | 万元/h |
| 材料厚度系数 | $K_6$ | | | NC加工工时 | $H_{nc}$ | 200 | h |
| 试验决定系数 | $K_7$ | 10% | | NC加工工时单价 | $N_{cc}$ | 0.06 | 万元/h |
| 传动机构系数 | $K_8$ | 10% | | 装配加工工时 | $H_z$ | 700 | h |
| 设计费用率 | $d$ | 12% | | 装配加工工时单价 | $Z_p$ | 0.012 5 | 万元/h |
| 管理费用率 | $g$ | 10% | | 调试加工工时 | $H_t$ | 100 | h |
| 成本利润率 | $p_r$ | 10% | | 调试加工工时单价 | $T_s$ | 0.022 | 万元/h |
| 综合税率 | $t_r$ | 18.50% | | 重量含金额度 | $A_0$ | 3.5 | 万元/t |
| 按实体重量估算价格 | | | | 按成本发生估算价格 | | | |
| 模具重量(t) | | 11.882 | | 模具基价(万元) | | 35.809 | |
| 销售价格(万元) | | 62.339 | | 销售价格(万元) | | 67.775 | |

## 复习思考题

1. 中、大型冲压模具的制造特点是什么？在估算模具价格时如何考虑这些特点？

2. 中、大型冲压模具价格估算方法与小型冲压模具价格估算方法相比有何不同？为什么？

3. 用按模具重量和按模具制造工时估算中、大型冲压模具的销售价格时，利润和税金分别通过哪些参数来体现？

# 第6章 注塑模具及其计价方法

## 6.1 注塑模具概述

型腔模具是塑料成型模具(注塑模、压塑模、挤塑模、吸塑模、发泡模)、金属体积成形模具(压铸模、铸造模、粉末冶金模、石蜡铸造压型模)、玻璃成形模具(压制模、吹制模、吹压模)、橡胶成形模具(压胶模、挤胶模、注射模)及陶瓷成形模具等多种成形模具的统称。

由于这些型腔模具在制件成形工艺、模具材质、模具结构、模具制造工艺等方面不尽相同,更由于这些型腔模具在制品行业中的多寡悬殊,有些型腔模具的行业面很窄,行业性很强,所以本书只重点论述使用量大、涉及面广的塑料注射成型模具的价格计算方法问题。

注塑模具是塑料成型模具里使用最为广泛的一种,本书着重以注塑模具为对象,其他型腔模具可以根据相似程度作为参照,具体算法不再另行探讨。

### 6.1.1 注塑模的结构分类

按模具结构特征分:
(1) 单分型面——两板模;
(2) 双分型面——三板模;
(3) 带侧向分型抽芯;
(4) 带活动镶块;
(5) 定模设推出机构;

(6)自动卸螺纹。

动模——安装在注射机移动工作台面上的那一半模具,可随注射机作开合运动。

定模——安装在注射机固定工作台面上的那一半模具。如图6.1所示。

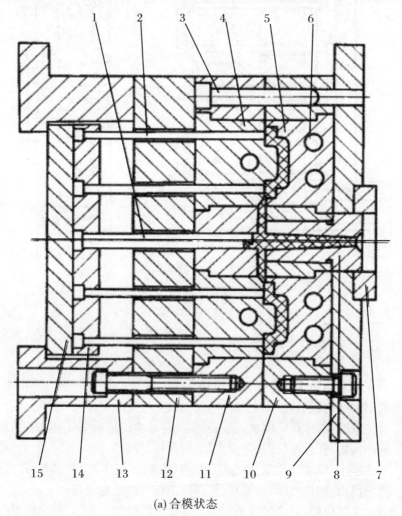

(a)合模状态

1.拉料杆; 2.推杆; 3.导柱; 4.型芯; 5.凹模(型腔板); 6.冷却水道; 7.定位圈; 8.主流道衬套; 9.定模座板; 10.型腔固定板; 11.型芯固定板; 12.支承板; 13.垫块; 14.推杆固定板; 15.推板

图6.1

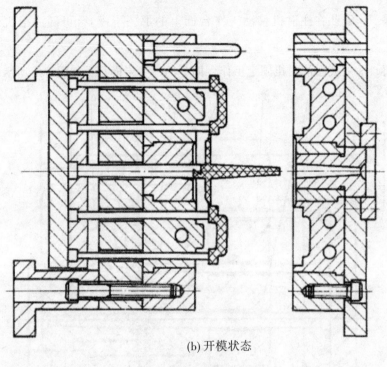

(b) 开模状态

图 6.1(续)

## 6.1.2 注塑模的结构组成

注塑模的结构可分为 8 个系统或机构：
(1) 成型零件构成型腔：决定塑件形状和尺寸精度的零件(如凹模、型芯)；
(2) 浇注系统：熔体从喷嘴进入型腔的通道(如主流道衬套、定位圈、拉料杆)；
(3) 导向机构：开合模导向、定位作用(如导柱、导套)；
(4) 支承零件(模架)：支承、固定其他零件(如定/动模座板、定/动模板、支承板)；
(5) 推出机构：塑件脱模(如推杆、推杆固定板、推板、复位杆)；
(6) 侧向抽芯机构：侧向零件的脱模与复位(如侧型芯、滑块、斜导柱等)；
(7) 模温调节系统：控制模具温度(如冷却通道)；
(8) 排气、引气系统：成型排气、脱模引气(如排气槽、引气槽)。
注塑模的基本结构如图 6.2 所示。

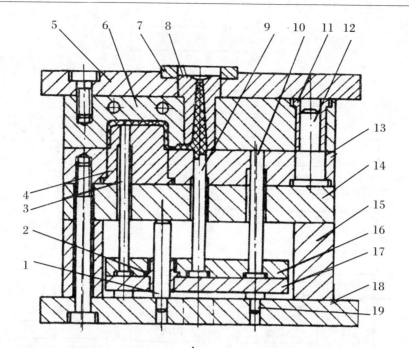

1. 推板导柱; 2. 推板导套; 3. 推杆; 4. 型芯; 5. 定模座板; 6. 凹模(型腔板); 7. 定位圈;
8. 主流道衬套; 9. 拉料杆; 10. 复位杆; 11. 导套; 12. 导柱; 13. 动模板; 14. 支承板;
15. 垫块; 16. 推杆固定板; 17. 推板; 18. 动模座板; 19. 支撑柱

图 6.2 注塑模的基本结构

## 6.1.3 注塑模具的常规制造工艺

　　动模和定模是注塑模具最主要的部件。绝大多数注塑模具的动模和定模中的型腔、型芯均是采用优质模具钢经多道工序加工而成的。其常规的制造工艺流程是：经铣削(仿形铣、数控铣、工具铣)、磨削(成形磨、坐标磨)及电火花加工(电火花成形、电火花线切割)成形，又经模具钳工修研、抛光、装配，再经反复试模与修整，直至检验合格后才完成模具制造的全过程。现在制造手段越来越倚重数控技术，无论铣、磨、电加工均强化了数控的功能，在本书介绍时也将体现出这样的趋势。

　　特殊的情况下也常采用一些特殊的工艺手段。如电铸型腔、超塑冷挤型腔、锌基合金铸型腔、环氧树脂浇注型腔等工艺。

　　当前，许多模具制造企业将模架制造这部分依靠于模架专业制造企业，用采购模架来满足本身的需要，这已成为主流方式。因此，注塑模具的常规制造工艺流程如图 6.3 所示。

# 模具价格估算

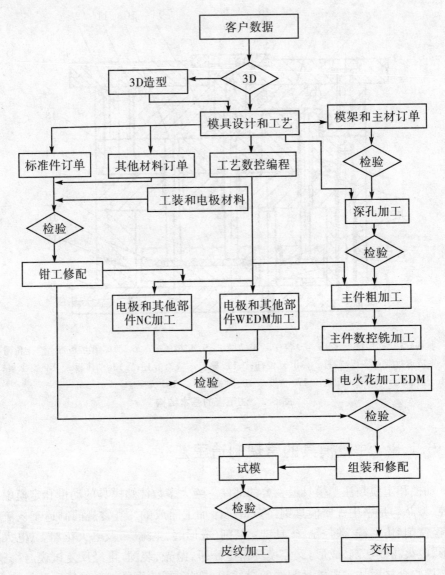

图 6.3 注塑模具的常规制造工艺流程图

## 6.1.4 注塑模具价格的常用计算方法说明

**1. 常用方法**

注塑模具的价格计算方法有多种,常用的有以下 4 种:

(1) 类比法（经验估算法）；
(2) 材料比价计算法；
(3) 成本逐项计算法；
(4) 工时技术参数法。

上述4种方法在第1章中已专门予以了共同性的介绍，本章将主要对工时技术参数法和材料比价计算法在注塑模计价领域的应用作重点介绍。

**2．使用时的注意要点**

(1) 本章所涉及的计算注塑模具价格的方法及有关参数，均是以注塑模具的常规制造工艺为基础推导和设定的。对于采用其他特殊工艺制造的注塑模具，若仍想用本章推荐的计算方法，则有关参数要作相应的修订。

(2) 由于各企业人员的技术能力、设备能力以及管理能力会对企业的效率和成本有不同程度的影响，因此，价格计算方法的侧重点在于方法。

(3) 本计算方法的数据尽量体现我国模具行业的平均水平，对各个具体企业应按各自的实际数据计算，不可简单套用。

(4) 本计算方法算出的结果只是企业自身的成本估算值，对于已完成市场化的模具行业可以作为与客户谈判时企业希望价的参考依据。

## 6.2 工时技术参数法

### 6.2.1 工时技术参数法的主要对象与相关说明

根据本书第1章确认的模具价格成分的构成公式如下：

$$P = M_1 + M_2 + M_3 + D + Q + R + T$$

式中许多构成成分的计算方法在各种模具计价办法中基本相同，工时技术参数法与其他方法不相同的地方在于对加工工作量（即 $M_2$ 和 $D$）的计算方法方面，对此，我们可以将 $M_2$ 和 $D$ 解析如下。

$M_2$：制造工费，由各工种（或各工序）制造工时与相应的工时单价的乘积或制造总工时与综合平均工时单价的乘积组成。

$D$：技术开发费，包括3D成形及成形工艺分析、模具设计和CAE仿真等，它也可以通过工时计费。

设：$T_m$ 为制造工时，$T_d$ 为技术开发工时，$A_1$ 为单位工时的平均费用，则

$$M_2 = T_m A_1 \tag{6.1}$$

$$D = T_d A_1 \tag{6.2}$$

工时技术参数法需要计算的主要对象是 $T_m$、$T_d$ 和 $A_1$，这三个参数是通过模具和产品的主要技术参数计算得到的。其他成本因素如 $M_1$、$M_2$ 中的外购（协）专业服务（如皮纹等）、$M_3$、$Q$、$R$、$T$ 的计算都与其他计算方法相同，式(1.1)已充分表达了相互之间的关系。

本章中工时技术参数法是设计与加工的工时一起考虑和计算的（一般设计工时约是加工工时的 15%～25%），设 $M$ 为设计制造费，$T_{md}$ 为设计、制造工时之和，由式(6.1)和式(6.2)可得

$$M = M_2 + D$$

则

$$M = T_m A_1 + T_d A_1 = A_1(T_m + T_d) = A_1 T_{md} \tag{6.3}$$

### 6.2.2 工时技术参数法的因素分类和计算公式

工时技术参数法将重要的技术因素对制造加工造成影响的程度以系数的方式表达，由于影响模具造价的因素很多，如模具的规格大小、结构繁易、精度高低等，而且各因素之间互为基础，详细计算十分困难。根据快捷、相对准确、方便的原则，本书选择常见的、影响比较直接和比重较大的因素作为计算依据。通过对注塑模具制造全过程的分析，影响制造总工时的主要因素有制件的外形尺寸（长、宽、高）、制件几何体的复杂程度、制件的精度、模具成型部位的表面粗糙度、制件成型复杂度对模具结构的影响等。据此，本节采用如下几种技术参数，并相应给出了模具制造总工时的计算公式。

(1) 产品尺寸系数($K_1$)

产品的大小决定了模具的加工量，以此系数从工作量方面来调节。

(2) 模具结构复杂系数($K_2$)

主要表达模具结构对制造的影响，模具结构的复杂性是由许多方面组成的，在此，只选用最主要的方面，其他因素加以忽略，以此系数从结构复杂性对工作量影响的方面来调节。

(3) 产品表面特征系数($K_3$)

主要表达产品的复杂性对加工量带来的影响，如喇叭网孔、散热孔或面栅、薄板深筋等。

(4) 产品精度系数($K_4$)

塑料产品的精度不仅在于模具的加工精度，还与塑料产品在注塑过程中的收

缩控制能力有关,这就与模具浇注系统、冷却系统、塑料品种、收缩系数的选取等设计、加工有关,会对模具制造工时产生影响。

设综合影响系数为 $K_0$,它等于各种修正系数之乘积,即有

$$K_0 = K_1 K_2 K_3 K_4 \tag{6.4}$$

以上几个参数都是对基本数据进行修正的,这个基本数据就是本书要引进的一个重要概念:基点当量以及它的两个基本组成部分——基点工时和基点工价。

(1) 基点工时

以一种假设的最基本的产品结构、最简单的几何形状、最基本的要求、平面分型、一模一件、表面要求一般、产品尺寸为 100 mm×100 mm×100 mm 的盒形产品作为基准,将该产品的注塑模具所用工时设定为一个标准值,称该值为基点工时。设 $T_{01}$ 为基点工时,根据实践经验,塑料注射模具基点工时以 80 h 为宜。

(2) 基点工价

按现代常用加工工艺各工种在其中占的比例关系和各工种的单价,测算出每个工时的平均费用,称该值为基点工价。设 $A_1$ 为基点工价,经过测算以 60 元为宜。

经过以上分类定义,可以看出,对 $T_m$ 和 $T_d$ 的分析计算,就转变成对 $T_{01}$ 和 $K_0$ 的分析、研究、计算。因此,式(6.3)就有如下变化:

$$M = T_m A_1 + T_d A_1 = A_1 T_{01} K_0 \tag{6.5}$$

可以看出,式(6.5)中只有 $K_0$ 是最主要的研究对象,需要详细分解计算。

## 6.2.3 影响系数的取值方法和计算公式

**1. 产品尺寸系数 $K_1$**

见表 6.1。

表 6.1 产品尺寸系数 $K_1$

| | | 长(mm) | 宽(mm) | 高(mm) | 型腔体积(mm³) | $K_1$ |
|---|---|---|---|---|---|---|
| 同一型腔分割 | 1 | | | | | |
| | 2 | | | | | |
| | 3 | | | | | |
| | 4 | | | | | |
| | 5 | | | | | |
| | 6 | | | | | |
| 合计 | | | | | | |

续表

| 一模同型多腔数 $N$ | 长(mm) | 宽(mm) | 高(mm) | 型腔体积(mm³) | $K_1$ |
|---|---|---|---|---|---|
| | 调整系数 $K_{11}$ | | | 取值 | |
| | 0.5~0.9 | | | | |
| 另一型腔分割 | | | | | |
| | | | | | |
| | | | | | |
| | | | | | |
| | | | | | |
| | | | | | |
| 合计 | | | | | |
| 一模异型多腔数 $N$ | 调整系数 $K_{11}$ | | | 取值 | |
| | 0.5~0.9 | | | | |
| $K_1$ 总计 | | | | | |
| 壁厚(mm) | 长(mm) | 宽(mm) | 高(mm) | 产品表面积(mm²) | 产品体积(mm³) |
| | | | | | |

求出以产品外形尺寸(亦即模具型腔表面尺寸)与分型面组成的产品包络体积(也可看作型腔体积),以该体积乘以 0.5~0.9(调节系数 $K_{11}$),再除以基准产品的包络体积,得到的即是产品尺寸系数 $K_1$。即

$$K_1 = 型腔体积 \times K_{11}/1\,000\,000$$

$K_{11}$ 为调整系数,它是基于基点工时中纯加工时与整副模具工时(设计、编程、加工、试模等工时的总和)之间的比值,一般取 0.5~0.9。

当制件为一模多腔时(无论制件是否相同),产品的总尺寸系数 $K_1$ 等于各个型腔的尺寸系数之和。

在实际计算时,产品的边界和高度可能是不规则的,这给体积计算带来很大困难,解决的方法有如下几种:

(1) 客户有三维数据模型时,三维设计软件都有计算体积的功能,这样计算出来的体积准确度高。

(2) 如不具备上述条件,可采用分层分割法,将不同深度的截面分别计算可得出相近的数据,再加以合计。

(3) 对不规则曲面形状,可采用近似典型几何形状的折算方式,如柱形、梯形、

球形和三角形等可同样得出相似的数据。

（4）对于一些在出模方向深度较深，投影面积却相对较小，产品尺寸系数不能充分反应的产品，其加工因素的权重应体现在结构复杂系数上。

（5）当某些小凸台或底面积相对于整个产品的截面非常小时，该部分在计算深度时可视加工的难易程度采取忽略、减半、全部计算等调整方法加以解决。

计算精度虽然会影响最后的结果，但不必苛求非常精确，$K_{11}$作为工时技术参数法的参数体系中的一部分，在计算过程的相互作用下本身就具有一定的宽容度。

**2. 模具结构复杂系数 $K_2$**

见表6.2。

影响模具结构的要素很多，不可能将所有结构要素都设定系数，这不仅太繁琐，也没有必要，仅将其中最主要的、影响较大的结构要素，如抽芯状况、斜顶出状况、主分型面状况、开模次数、进料系统和模具寿命等要素，设定为结构复杂系数的子系数，基本可满足计算要求。

**表6.2 模具结构系数 $K_2$**

| 结构要素 | | | 系数数值 | 选用说明 | 系数代号 |
|---|---|---|---|---|---|
| 抽芯 | 1处 | 局部 | 0.05~0.1 | 当抽芯相对于模具很小时取0.05 | $K_{21}$ |
| | | 全部 | 0.15~0.25 | | |
| | 2处 | 局部 | 0.1~0.2 | 当抽芯相对于模具很小时取0.1 | |
| | | 全部 | 0.3~0.6 | 哈夫模取0.6 | |
| | 3处 | 局部 | 0.15~0.3 | 当抽芯相对于模具很小时取0.15 | |
| | | 全部 | 0.45~0.8 | 哈夫模取0.8 | |
| | 4处 | 局部 | 0.2~0.4 | 当抽芯相对于模具很小时取0.2；超过4处则每增加1处取0.05~0.1 | |
| | | 全部 | 0.6~1 | | |
| 复合抽芯 | 1处 | 直线 | 0.2~0.4 | | $K_{22}$ |
| | | 曲线 | 0.3~0.6 | | |
| 斜推块 | 1处 | 二维 | 0.05~0.1 | | $K_{23}$ |
| | | 三维 | 0.1~0.15 | | |
| | 每增加1处 | 二维 | 0.02~0.05 | 当方向不同时取较高值 | |
| | | 三维 | 0.03~0.1 | | |

续表

| 结构要素 | | 系数数值 | 选用说明 | 系数代号 |
|---|---|---|---|---|
| 主分型面 | 平面 镶拼式型芯 | 0~0.1 | 型芯高度≥240 mm 取 0.05；≥400 mm 取 0.1；型芯高度应包括嵌入部分 | $K_{24}$ |
| | 平面 整体型芯 | 0.1~0.4 | 型芯高度≥100 mm 取 0.1；≥200 mm 取 0.15；≥300 mm 取 0.2；≥400 mm 取 0.28；≥450 mm 取 0.34；≥500 mm 取 0.4 | |
| | 平面 整体型腔 | 0.1~0.4 | 同上 | |
| | 异型面 镶拼式型芯 | 0.07~0.2 | 型芯高度≥240 mm 取 0.05；≥400 mm 取 0.1 的基础上根据曲面带来的复杂性增加 0.02~0.1；型芯高度应包括嵌入部分 | $K_{25}$ |
| | 异型面 整体型芯 | 0.12~0.5 | 型芯高度≥100 mm 取 0.1；≥200 mm 取 0.15；≥300 mm 取 0.2；≥400 mm 取 0.28；≥450 mm 取 0.34；≥500 mm 取 0.4 的基础上根据曲面带来的复杂性增加 0.02~0.1 | |
| | 异型面 整体型腔 | 0.11~0.45 | 型芯高度≥100 mm 取 0.1；≥200 mm 取 0.15；≥300 mm 取 0.2；≥400 mm 取 0.28；≥450 mm 取 0.34；≥500 mm 取 0.4 的基础上根据曲面带来的复杂性增加 0.01~0.05 | |
| 开模次数 | 2 次 | 0.1~0.2 | | $K_{26}$ |
| | 3 次 | 0.15~0.25 | | |
| 进料形式 | 点浇口 1 点 | 0.05~0.1 | | $K_{27}$ |
| | 点浇口 2 点以上 | 0.1~0.3 | | |
| | 潜浇口 2 点以内 | 0.1~0.2 | | |
| | 潜浇口 每增加 1 点 | 0.02~0.05 | | |
| | 热流道 1 点 | 0.02~0.04 | | |
| | 热流道 2 点 | 0.05~0.1 | | |
| | 热流道 2 点以上每增加 1 点 | 0.01~0.02 | | |

续表

| 结构要素 | | 系数数值 | 选用说明 | 系数代号 |
|---|---|---|---|---|
| 寿命 | 50万模次以上 | 0.05～0.15 | | $K_{28}$ |
| | 70万模次以上 | 0.15～0.25 | | |
| | 100万模次以上 | 0.25～0.4 | | |

相关说明如下。

(1) 基本系数取1

$$K_2 = 1 + \sum K_{2i} \qquad (6.6)$$

当模具是无侧抽芯、无斜顶出、平面一次分型,直浇口或侧浇口时,模具的 $\sum K_{2i} = 0$,则 $K_2 = 1$。

(2) 关于抽芯的说明

① 侧抽芯:侧抽芯宽度等于或大于制件该侧宽度一半时,按"全部"方式选取系数;侧抽芯宽度尺寸≥150 mm时也按"全部"方式选取系数。

② 复式直线抽芯:抽芯机构的运动轨迹为直线运动,空间三维斜抽芯也按复式抽芯中"直线"型计算系数。

③ 复式曲线抽芯:抽芯机构的运动轨迹为圆弧线。沿圆弧线方向抽出的抽芯机构,其曲率半径大小和抽出距离长短决定模具结构的复杂程度。若结构复杂、抽出距离长,则系数选大值;若结构简单、抽出距离短,则系数选小值。

一副模具中有两处或两处以上的复式抽芯机构时,其系数计算方法为:结构、尺寸完全相同时,每增加1处其系数增加原系数的0.5～0.6倍;结构相同、尺寸不同或结构尺寸均不相同时,每增加1处其系数增加1倍。

(3) 斜顶机构

二维斜推块是指斜推块活动方向与模架的 $X$ 或 $Y$ 的方向平行;三维空间斜推块是指斜推块活动方向与模架的 $X$ 或 $Y$ 的方向都不平行。

(4) 分型面

分型面的加工难度不仅与是否曲面有关,而且与是否镶嵌及型芯的高度有关,现在广泛使用数控加工设备,使得曲面加工比较容易,但对于折面、台阶等分型,其加工匹配程度要求高;对于整体式高型芯的加工和根部处理,因受刀具强度的限制,效率会有明显下降。为此,分型面系数要加以考虑。

表 6.2 中综合考虑了分型面形状、型腔深度、整体与镶嵌等因素对刀具加工效率等的影响,分别取不同系数。

(5) 开模结构

主要指二次以上的开模机构或顶出机构,在计算上要与抽芯、斜推块等加以区别,不能重复计算。

(6) 浇口系统

① 潜浇口包括香蕉浇口;

② 热流道系统可能是整套采购的,如果在采购整套部件中计算过了,就不要再在此重复计算。

(7) 模具寿命

现在的模具型腔材料一般均采用 P20 类材料,在正常使用和维护保养的情况下,寿命在 50 万模次内是基本可行的,大于 50 万模次的要选用基体硬度较高的材料,在加工中会增加工时和费用。

(8) $K_{2i}$ 参数值的选取

$K_{2i}$ 是个范围,可根据企业自身的情况和模具的具体情况选取和调整。

### 3. 产品表面特征系数 $K_3$

现在数控加工技术应用越来越普遍,几何形状的复杂对制造的影响度在下降,真正对工作时间产生影响的因素是面栅、网孔、薄片筋、表面粗糙度以及陡壁深腔、高型芯等。除陡壁深腔、高型芯因素归类于模具结构复杂系数中计算外,其他见表 6.3。

表 6.3 产品表面特征系数 $K_3$

| 产品表面特征系数 | | | 系　　数 | 选用说明 | 系数代号 |
|---|---|---|---|---|---|
| 面栅 | 碰穿式 | 镶块 | (0.4~0.6)×外面积比 | 外面积比是指面栅面积与产品外表面积之比 | $K_{31}$ |
| | | 整体 | (0.7~0.9)×外面积比 | | |
| | 对插式 | 镶块 | (0.6~0.8)×外面积比 | | $K_{32}$ |
| | | 整体 | (1~1.2)×外面积比 | | |
| 网孔 | 细密孔 | 镶块 | (1.35~1.65)×外面积比 | 孔径≤2 mm,间距≤孔径×1.5 | $K_{33}$ |
| | | 整体 | (1.8~2.2)×外面积比 | | |
| | 疏孔 | 镶块 | (0.8~1)×外面积比 | | $K_{34}$ |
| | | 整体 | (1.1~1.3)×外面积比 | | |

续表

| 产品表面特征系数 | | 系　　数 | 选用说明 | 系数代号 |
|---|---|---|---|---|
| 片筋 | 薄片 | 长度≤50 mm | 0.02~0.04 | 小端＜1 mm,且深度≥20 mm | $K_{35}$ |
| | | 长度50 mm,每增长30 mm | 0.005~0.015 | | |
| | 深筋 | 长度≤50 mm | 0.02~0.04 | 深度≥30 mm | $K_{36}$ |
| | | 长度50 mm,每增长30 mm | 0.015~0.025 | | |
| 薄壁 | $K_{37}$ | 1~1.5 | 0.2~0.4 | 产品面积≥10 000 mm² | $K_{37}$ |
| | | ≤1 | 0.3~0.7 | 产品面积≥3 000 mm² | |
| 表面处理 | 抛光 | 1 000粒以下 | 0 | 有皮纹要求的,抛光取本档系数 | $K_{38}$ |
| | | 1 200粒 | 0.015~0.025 | | |
| | | 1 500粒 | 0.035~0.045 | | |
| | | 2 000粒 | 0.065~0.075 | | |
| | | 3 000粒 | 0.09~0.11 | | |
| | | 8 000粒 | 0.16~0.2 | | |
| | | 12 000粒 | 0.22~0.26 | | |
| | | 14 000粒 | 0.28~0.32 | | |

在使用表6.3时应注意如下几点。

(1) 基本参数取1：

$$K_3 = 1 + \sum K_{3i} \tag{6.7}$$

当模具是无侧面栅、无网孔、无深筋、表面抛光在1 000粒以下时,模具的 $\sum K_{3i} = 0$,则 $K_3 = 1$。

(2) 如果相对应的面栅、网孔在型腔、型芯上分别采用整体和镶嵌方式,在系数取值时取整体,不能重复取值。

(3) 皮纹处理一般都是委外加工,按市场价作为采购费(外协费)计算。

(4) $K_{3i}$参数值是个范围,可根据企业自身的情况和模具的具体情况选取。

### 4. 产品精度系数 $K_4$

(1) 塑料件产品精度等级标准

注塑成形的塑料产品制件的精度除受模具制造精度的影响外,还要受塑料本身的收缩特性和成形时的工艺条件等方面的影响,要精确控制所有的产品尺寸是很困难的。在实践中,产品的许多尺寸是非关键尺寸,即使是关键尺寸也存在一些互配的现象,因此,掌握好关键尺寸的精度要求是正确选择产品精度系数的关键。

我国有三种有关注塑制品的公差标准:电子行业标准 SJ 1372—1978、兵工民品行业标准 WJ 1266—1981 和国家推荐标准 GB/T 14486—1993,在此选用国内行业内实际使用最为广泛的电子行业标准 SJ 1372—1978 作为衡量的尺度(见表 6.4、表 6.5)。

表 6.4 SJ 1372—1978(1)

| 产品基本尺寸(mm) | 精度等级 | | | | | | | |
| --- | --- | --- | --- | --- | --- | --- | --- | --- |
| | 1 | 2 | 3 | 4 | 5 | 6 | 7 | 8 |
| | 公差尺寸(mm) | | | | | | | |
| 3 | 0.04 | 0.06 | 0.08 | 0.12 | 0.16 | 0.24 | 0.32 | 0.48 |
| 3~6 | 0.05 | 0.07 | 0.08 | 0.14 | 0.18 | 0.28 | 0.36 | 0.56 |
| 6~10 | 0.06 | 0.08 | 0.10 | 0.16 | 0.20 | 0.32 | 0.40 | 0.64 |
| 10~14 | 0.07 | 0.09 | 0.12 | 0.18 | 0.22 | 0.36 | 0.44 | 0.72 |
| 14~18 | 0.08 | 0.10 | 0.12 | 0.20 | 0.26 | 0.40 | 0.48 | 0.80 |
| 18~24 | 0.09 | 0.11 | 0.14 | 0.22 | 0.28 | 0.44 | 0.56 | 0.88 |
| 24~30 | 0.10 | 0.12 | 0.16 | 0.24 | 0.32 | 0.48 | 0.64 | 0.96 |
| 30~40 | 0.11 | 0.13 | 0.18 | 0.26 | 0.36 | 0.52 | 0.72 | 1.0 |
| 40~50 | 0.12 | 0.14 | 0.20 | 0.28 | 0.40 | 0.56 | 0.80 | 1.2 |
| 50~65 | 0.13 | 0.16 | 0.22 | 0.32 | 0.46 | 0.64 | 0.92 | 1.4 |
| 65~85 | 0.14 | 0.19 | 0.26 | 0.38 | 0.52 | 0.76 | 1.0 | 1.6 |
| 80~00 | 0.16 | 0.22 | 0.30 | 0.44 | 0.60 | 0.88 | 1.2 | 1.8 |
| 100~120 | 0.18 | 0.25 | 0.34 | 0.50 | 0.68 | 1.0 | 1.4 | 2.0 |
| 120~140 | | 0.28 | 0.38 | 0.56 | 0.76 | 1.1 | 1.5 | 2.2 |
| 140~160 | | 0.31 | 0.42 | 0.62 | 0.84 | 1.2 | 1.7 | 2.4 |

续表

| 产品基本尺寸（mm） | 精度等级 ||||||||
|---|---|---|---|---|---|---|---|---|
| | 1 | 2 | 3 | 4 | 5 | 6 | 7 | 8 |
| | 公差尺寸(mm) ||||||||
| 160~180 | | 0.34 | 0.46 | 0.68 | 0.92 | 1.4 | 1.8 | 2.7 |
| 180~200 | | 0.37 | 0.50 | 0.74 | 1.0 | 1.5 | 2.0 | 3.0 |
| 200~225 | | 0.41 | 0.56 | 0.82 | 1.1 | 1.6 | 2.2 | 3.3 |
| 225~250 | | 0.45 | 0.62 | 0.90 | 1.2 | 1.8 | 2.4 | 3.6 |
| 250~280 | | 0.50 | 0.68 | 1.0 | 1.3 | 2.0 | 2.6 | 4.0 |
| 280~315 | | 0.55 | 0.74 | 1.1 | 1.4 | 2.2 | 2.8 | 4.4 |
| 315~355 | | 0.60 | 0.82 | 1.2 | 1.6 | 2.4 | 3.2 | 4.8 |
| 355~400 | | 0.65 | 0.9 | 1.3 | 1.8 | 2.6 | 3.6 | 5.2 |
| 400~450 | | 0.70 | 1.0 | 1.4 | 2.0 | 2.8 | 4.0 | 5.6 |
| 450~500 | | 0.80 | 1.1 | 1.6 | 2.2 | 3.2 | 4.4 | 6.4 |

注：1. 本标准的精度等级分成1~8共8个等级；
　　2. 本标准只规定公差，而基本尺寸的上下偏差可按需要分配；
　　3. 未注明公差尺寸时，建议采用本标准8级精度公差；
　　4. 标准测量温度18~22 ℃，相对湿度60%~70%（在制品成形24 h后测量）。

表6.5　SJ 1372—1978(2)

| 类别 | 材料名称 | 建议采用的精度等级 | | |
|---|---|---|---|---|
| | | 高精度 | 一般精度 | 低精度 |
| 1 | PS | 3 | 4 | 5 |
| | ABS | | | |
| | PMMA | | | |
| | PC | | | |
| | 聚砜 | | | |
| | 聚苯醚 | | | |
| | 酚醛塑料粉 | | | |
| | 氨基塑料粉 | | | |
| | 30%玻璃纤维增强塑料 | | | |

续表

| 类别 | 材料名称 | 建议采用的精度等级 | | |
|---|---|---|---|---|
| | | 高精度 | 一般精度 | 低精度 |
| 2 | PA6/PA66/PA610/PA9/PA1010<br>硬 PVC<br>氯化聚醚 | 4 | 5 | 6 |
| 3 | POM<br>PP<br>HDPE | 5 | 6 | 7 |
| 4 | LDPE<br>软 PVC | 6 | 7 | 8 |

(2) 塑料产品精度域判别和选取

见表 6.6。

表 6.6 塑料产品精度系数 $K_4$

| 产品尺寸精度要求 | 高精度尺寸数 | 系数 $K_4$ |
|---|---|---|
| 塑料制品上的尺寸精度均为一般 | 0 | 1.00 |
| 塑料制品上的尺寸有高精度与一般的精度，当高精度尺寸数如右时 | 2 个以内 | 1.05 |
| | 3～5 个 | 1.1 |
| | 6～10 个 | 1.3 |
| | 11～20 个 | 1.5 |
| | >20 个 | 1.5～2.0 |

注：1. 在与客户商谈时应确认关键尺寸，对非关键尺寸不要作为选取精度系数的对象。
2. 对关键尺寸中的可互配尺寸作为选取精度系数时要慎重。

## 5. 工时技术参数法系数汇总及说明表

见表 6.7。

**表 6.7 工时技术参数法系数汇总及说明表**

| 求值 | 主要参数 | 说　　明 | 公　　式 |
|---|---|---|---|
| $M$ | $A_1$ | 基点工费 = 60 元/h | $M = A_1 T_{01} K_0$ |
|  | $T_{01}$ | 基点工时 = 80 h |  |
|  | $K_0$ | 各系数乘积 |  |
| $K_0$ | $K_1$ | 产品尺寸系数 | $K_0 = K_1 \cdot K_2 \cdot K_3 \cdot K_4$ |
|  | $K_2$ | 模具结构复杂系数 |  |
|  | $K_3$ | 产品表面特征系数 |  |
|  | $K_4$ | 产品精度系数 |  |
| $K_1$ |  | 取产品型腔体积和基准体积比值 | $K_1$ = 产品型腔体积 × $(0.5 \sim 0.9)/1 000 000$ |
| $K_2$ |  | 基本系数为 1；$K_{2i} = K_{21}, K_{22}, K_{23}, K_{24}, K_{25}, K_{26}, K_{27}, K_{28}$ | $K_2 = 1 + \sum K_{2i}$ |
| $K_3$ |  | 基本系数为 1；$K_{3i} = K_{31}, K_{32}, K_{33}, K_{34}, K_{35}, K_{36}, K_{37}, K_{38}$ | $K_3 = 1 + \sum K_{3i}$ |
| $K_4$ |  | 以高精度尺寸的个数计 | $K_4$ 最低取值为 1 |

# 6.3　材料比价计算法

## 6.3.1　材料比价计算法使用时的注意要点

**1. 材料比价计算法的理论依据分析**

材料比价计算法是注塑模制造业在实际工作中使用得比较多的一种有效、快捷的计价方法。该方法有如下理论依据：

（1）产品的大小与模具的大小呈正相关关系，模具的大小与模具材料的使用重量是正相关的关系。当材料价格以某种确定的形式存在时，产品的大小变化和模具的价格变化就近似成为一定比例的相关关系。

（2）产品的结构、尺寸和形状影响了模具的结构、加工性能等，也必定影响加工时间。模具的技术复杂性可通过相关的技术复杂系数来反映。

（3）经过长期的实践证明，不同大小的模具和不同复杂程度的模具可通过以模具用材量为基点，以一种相关的比例系数来反映技术复杂性，并达到计算模具价格的目的。

（4）既然是以模具材料为计算的基点，材料价格的波动就会严重影响计算的实际值。

（5）材料价格的波动对最后结果的影响是以系数被放大的，因此，必须对模具材料价格计算基点予以设定，差额另外修正。

**2. 材料比价计算法与工时技术参数法的关系**

相同之处：

（1）都对加工技术难点给予一定的系数值来参与运算；

（2）都需要以一个基准点作为计算的基点。

不同之处：

（1）基准点各自不相同，工时技术参数法是以假设基点工时为计算基础，材料比价计算法是以某一设定模具材料价格为计算基础；

（2）采用材料比价法计算，方法灵活性强，又免去了复杂的产品尺寸系数的计算，显得更简便，可适应各种场合下的模具价格计算，其计算精度也可以满足企业的要求。

## 6.3.2 材料比价法的主要对象与相关说明

**1. 材料比价计算法的主要对象**

在当今模具材料处于完全市场化的状况下，材料价格的变化和不确定使以材料价格为计算基础变得困难，因此，设定的不变价格作为计算模具价格的基础，就是在消除原材料价格变化影响的条件下，将工时费转化成与模具吨位有关的比例系数，计算出模具价格，材料价格的差价放在最后并入，以消除不必要因素的影响，又能在较长一段时期内适用。

模具计价的基本公式见式(1.1)：

$$P = M_1 + M_2 + M_3 + D + Q + R + T$$

其中 $M_1 = m_{11} + m_{12} + m_{13} + m_{14}$。

本法只将 $M_1$ 中的 $m_{11}$ 和 $m_{12}$ 归入材料基点的计算。为了消除市场材料价格浮动对计算结果的影响，将 $M_1$ 分解如下：

$$M_1 = M_{1j} + M_{1c} = \sum(m_{1i}P_{ij}) + \sum(m_{1i}P_{ic}) + m_{13} + m_{14}$$

式中:$M_{1j}$——模具主要材料($m_{11}$和$m_{12}$)按设定价格计算的材料费;

$M_{1c}$——模具主要材料($m_{11}$和$m_{12}$)按市场价计算的材料费与按设定价格计算的材料费的差价;

$m_{1i}$——模具主要材料重量;

$P_{ij}$——各模具主要材料($m_{11}$和$m_{12}$)设定价;

$P_{ic}$——各模具主要材料($m_{11}$和$m_{12}$)市场价与设定价之间的差价。

根据以上的分解,将$\sum(m_{1i}P_{ij})$作为计算基础,即

$$M_{1j} = \sum(m_{1i}P_{ij})$$

注意:

(1) 主要计算材料的选用,应以便于快速计算和不显著影响计算精度为原则,例如,当模具较大时,重量小于 5 kg 的一般材料费可不列入计算。

(2) 本节中将模架、型腔、型芯和一般零件的用材,按表 6.8 所示归类为计算基准,其设定价目见表 6.8。

表 6.8 主要基点材料设定价目表

| 材料名 | 45、50C、55C、45锻材 | 国产 P20、2738、618、PX5、638 | 718、NAK80 SKD61 | DH2F、S163 635、8407 | 电极铜 | 电极粗石墨 电极精石墨 |
|---|---|---|---|---|---|---|
| 设定单价(元/kg) | 5.5 | 18 | 65 | 90 | 40 | 35 |

(3) 标准件和辅助部件($m_{13}$和$m_{14}$)不作为基准材料。

$M_2, M_3, D, R, T$ 采用与$M_{1j}$比例系数$K_0$的关系来计算出价格,即$K_0$包含了$M_2, M_3, D, R, T$,模具公式为

$$\begin{aligned}P &= M_{1j}(1+K_0) + M_{1c} + m_{13} + m_{14} + Q \\ &= M_{1j}(1+K_1' + K_2 + K_3 + K_4) + M_{1c} + m_{13} + m_{14} + Q\end{aligned} \quad (6.8)$$

式中:$K_0 = K_1' + K_2 + K_3 + K_4$;

$K_1'$——钢材硬度系数;

$K_2$——模具结构复杂系数;

$K_3$——产品表面复杂系数;

$K_4$——精度系数。

**2. 相关说明**

(1) 相对于模具工时技术参数法,本方法的系数分类、系数值分类都有所不同,包含了$M_2, M_3, D, R, T$,适用于快速计算。

(2) 如果材料价(设定价和差价)包含税收,则计算出的价格就已经含有税收了,如果是不含税收的,就在最后计算结果上再加上税收即可。本节采用含税的方法。

(3) 为体现快速、简捷的特点,在本节系数中已经能够包含利润、管理费,不再另外计算。

(4) 根据行业内实践的经验数据,综合系数 $K_0$ 的一般取值范围见表6.9。

(5) 通常情况下,大多数常规模具的 $K_0$ 值在3~7之间,当产品非常小,但形状复杂和精度较高时,或产品体积很大和结构很简单时,这种计算方式的偏差会大些,这需要根据经验去判断。

(6) 模具基点材料仅指毛坯材料,不使用模架的价格,因此,在计算时要把工艺余量计算进去。如模架的价格也包含在材料基点内,则系数就要根据具体情况调整。

表6.9 系数 $K_0$ 取值表

| 模具状况 | 模具大小 | 系数范围 |
| --- | --- | --- |
| 简单 | 小 | 3~3.5 |
|  | 中 | 2.5~3 |
|  | 大 | 2~2.5 |
| 一般 | 小 | 3.5~5.5 |
|  | 中 | 3~5 |
|  | 大 | 2.5~4.5 |
| 较复杂 | 小 | 5.5~8 |
|  | 中 | 5~7 |
|  | 大 | 4.5~6 |
| 复杂 | 小 | 8~11 |
|  | 中 | 6.5~9 |
|  | 大 | 5.5~7.5 |
| 高复杂 | 小 | 11~15 |
|  | 中 | 9~12 |
|  | 大 | 7~10 |

注:模具大、中、小很难精确界定,按行业习惯,一般0.5 t以下为小型模具,0.5~3 t为中型模具,3 t以上为大型模具。当然也有再细分为中小型、中大型、超大型模具的。这里划分大、中、小型只是让我们可以粗略地认识系数波动的规律。

## 6.3.3 材料比价计算法的因素分类和计算公式

**1. 钢材硬度系数 $K_1'$**

见表 6.10。

这里所说的钢材硬度主要是指模具型腔、型芯的材料硬度,这直接关系到加工的效率。

表 6.10 $K_1'$ 取值表

| 钢材硬度 HRC | <25 | 25～32 | 32～36 | 36～44 | 44～52 | >52 |
|---|---|---|---|---|---|---|
| $K_1'$ | 1 | 1.2～1.5 | 1.5～2 | 2～2.5 | 2.5～3 | 3～4 |

**2. 模具结构复杂系数 $K_2$**

见表 6.11。

该系数的详细说明参见技术参数法部分,$K_2 = 1 + \sum K_{2i}$。

表 6.11 $K_2$ 取值表

| 结构要素 | | 系数数值 | 选用说明 | 系数代号 |
|---|---|---|---|---|
| 抽芯 | 1处 局部 | 0.1～0.2 | 当抽芯相对于模具很小时取 0.05 | $K_{21}$ |
| | 1处 全部 | 0.2～0.3 | | |
| | 2处 局部 | 0.15～0.25 | 当抽芯相对于模具很小时取 0.1 | |
| | 2处 全部 | 0.3～0.5 | 哈夫模取 0.6 | |
| | 3处 局部 | 0.2～0.3 | 当抽芯相对于模具很小时取 0.15 | |
| | 3处 全部 | 0.5～0.8 | 哈夫模取 0.8 | |
| | 4处以上 局部 | 0.25～0.35 | 当抽芯相对于模具很小时取 0.2;超过 4 处则每增加 1 处取 0.05～0.1 | |
| | 4处以上 全部 | 0.6～1 | | |
| 复合抽芯 | 1处 直线 | 0.3～0.5 | | $K_{22}$ |
| | 1处 曲线 | 0.5～1 | | |

续表

| 结构要素 | | | 系数数值 | 选用说明 | 系数代号 |
|---|---|---|---|---|---|
| 斜推块 | 1处 | 二维 | 0.1～0.15 | 每增1处增加0.05～0.1；当方向不同时取0.1 | $K_{23}$ |
| | | 三维 | 0.2～0.3 | 每增1处增加0.1～0.15；当每个方向不同时取0.15 | |
| 主分型面 | 平面 | 镶拼式型芯 | 0～0.3 | 型芯高度≥240 mm取0.1；≥350 mm取0.2；≥450 mm取0.3,型芯高度应包括嵌入部分 | $K_{24}$ |
| | | 整体型芯 | 0～1 | 型芯高度≥100 mm取0.1；≥200 mm取0.2；≥300 mm取0.35；≥400 mm取0.6；≥450 mm取0.8；≥500 mm取1 | |
| | | 整体型腔 | 0～1 | 同上 | |
| | 异型面 | 镶拼式型芯 | 0～0.6 | 型芯高度≥240 mm取0.1；≥350 mm取0.2；≥450 mm取0.3,型芯高度应包括嵌入部分,在此基础上根据曲面带来的复杂性增加0.1～0.3 | $K_{25}$ |
| | | 整体型芯 | 0～1.6 | 型芯高度≥100 mm取0.1；≥200 mm取0.2；≥300 mm取0.35；≥400 mm取0.6；≥450 mm取0.8；≥500 mm取1的基础上根据曲面带来的复杂性增加0.2～0.6 | |
| | | 整体型腔 | 0～1.3 | 型芯高度≥100 mm取0.1；≥200 mm取0.2；≥300 mm取0.35；≥400 mm取0.6；≥450 mm取0.8；≥500 mm取1的基础上根据曲面带来的复杂性增加0.1～0.3 | |
| 开模次数 | | 2次 | 0.1～0.2 | | $K_{26}$ |
| | | 3次 | 0.2～0.5 | | |
| 进料形式 | 热流道 | 1点 | 0.1～0.2 | | $K_{27}$ |
| | | 2点 | 0.3～0.7 | 以截流腔的大小来选取 | |
| | | 2点以上每增1点 | 0.08～0.12 | | |

**3. 产品表面复杂系数 $K_3$**

见表 6.12。

表 6.12  $K_3$ 取值表

| 产品表面特征因数 | | 系数数值 | 说　　明 | 系数代号 |
|---|---|---|---|---|
| 面栅 | 碰穿式 镶块 | (1.5~2.5)×外面积比 | 外面积比是指面栅面积与产品外表面积之比 | $K_{31}$ |
| | 碰穿式 整体 | (2.5~3.5)×外面积比 | | $K_{32}$ |
| | 对插式 镶块 | (2~3)×外面积比 | | $K_{32}$ |
| | 对插式 整体 | (3.5~4.5)×外面积比 | | $K_{34}$ |
| 网孔 | 细密孔 镶块 | (3~4)×外面积比 | 孔径≥2 mm,间距≤孔径×1.5 | $K_{33}$ |
| | 细密孔 整体 | (5~6)×外面积比 | | |
| | 疏孔 镶块 | (2.5~3.5)×外面积比 | | $K_{34}$ |
| | 疏孔 整体 | (4~5)×外面积比 | | |
| 片筋 | 薄片 长度≤50 mm | 0.1~0.15 | 小端<1 mm,且深度≥20 mm,根据长度选择 | $K_{35}$ |
| | 薄片 每长 50 mm | 0.1~0.15 | | |
| 薄壁 | 1~1.5 | 0.2~0.4 | 产品面积≥10 000 mm² | $K_{36}$ |
| | ≤1 | 0.3~0.7 | 产品面积≥3 000 mm² | |
| 表面处理 | 抛光 1 000 粒以下 | 0.5 | 有皮纹要求的,抛光取本档系数 | $K_{37}$ |
| | 抛光 2 000 粒以下 | 0.5~0.8 | | |
| | 抛光 8 000 粒以下 | 0.8~1.5 | | |
| | 抛光 14 000 粒以下 | 1.5~2.5 | | |

**4. 产品精度系数 $K_4$**

见表 6.13。

该系数的详细说明参见技术参数部分。

表 6.13  $K_4$ 取值表

| 产品尺寸精度要求 | 高精度尺寸数 | 系数 $K_4$ |
|---|---|---|
| 塑料制品上的尺寸精度均为一般 | 0 | 0 |
| 塑料制品上的尺寸有高精度与一般精度,当高精度尺寸数如右时 | 2 个以内 | 0.1 |
| | 3~5 个 | 0.2 |
| | 6~10 个 | 0.5 |
| | 11~20 个 | 1 |
| | >20 个 | 1~2 |

5. 材料比价法系数汇总说明表

见表 6.14。

表 6.14  材料比价法系数汇总说明表

| 求值 | 主要参数 | 说 明 | 公 式 |
|---|---|---|---|
| $K_0$ | $K_1'$ | 模具材料硬度系数 | $K_0 = K_1' + K_1 + K_2 + K_3 + K_4$ |
| | $K_2$ | 模具结构复杂系数 | |
| | $K_3$ | 产品复杂系数 | |
| | $K_4$ | 产品精度系数 | |
| $K_1'$ | | 取产品型芯、型腔材料的硬度 | 由 $K_1'$ 对应表格选取 |
| $K_2$ | | 基本系数为 1;$K_{2i} = K_{21}, K_{22}, K_{23}, K_{24}, K_{25}, K_{26}, K_{27}$ | $K_2 = \sum K_{2i}$ |
| $K_3$ | | 基本系数为 1;$K_{3i} = K_{31}, K_{32}, K_{33}, K_{34}, K_{35}, K_{36}, K_{37}$ | $K_3 = \sum K_{3i}$ |
| $K_4$ | | 以高精度尺寸的个数计 | $K_4$ 可以为 0 |

## 6.4 注塑模计价实例

### 6.4.1 计价前的准备

**1. 对产品和模具结构的识别**

(1) 从客户处尽可能地了解客户对产品和模具的要求,进行记录和整理,将与模具价格估算相关的技术条件列出。

(2) 对产品有较仔细的了解,勾画出结构草图,将一些主要特征如分型面、抽芯、分模/顶出机构、主要镶块、是否采用热流道系统、气辅系统和关键尺寸等加以确定。

(3) 将产品尺寸相关的因素、结构相关的因素、产品相关的因素、精度相关的因素等分别识别出来。

**2. 计算 $K_0$**

(1) 填写产品模具技术因素表(见表6.15)。

表6.15 产品模具技术因素表

| | 长<br>(mm) | 宽<br>(mm) | 高<br>(mm) | 表面积<br>$(mm)^2$ | 体积<br>$(mm)^3$ |
|---|---|---|---|---|---|
| 产品 | | | | | |
| | 皮纹类型 | 皮纹面积<br>$(mm)^2$ | 面栅类型 | 面栅面积<br>$(mm)^2$ | 产品壁厚<br>(mm) |
| | | | | | |
| | 网孔类型 | 网孔面积<br>$(mm)^2$ | 薄片筋长<br>(mm) | 深筋长<br>(mm) | 表面抛光 |
| | | | | | |
| | 产品材料 | 高精度尺寸数 | | | |
| | | | | | |

续表

| | 长<br>(mm) | 宽<br>(mm) | 高<br>(mm) | 出模腔数 | 型腔体积<br>(mm)³ |
|---|---|---|---|---|---|
| 模具 | 型腔形式 | 型芯形式 | 主分型面 | 局部抽芯数 | 大抽芯数 |
| | | | | | |
| | 型腔材料 | | 型芯材料 | 其他主材 | |
| | 材料硬度 | | 材料硬度 | 材料硬度 | |
| | 复合直抽芯 | 复合曲线抽芯 | 二维斜推块 | 三维斜推块 | 浇口形式 | 热流道 |
| | | | | | | |
| | 寿命 | 面栅结构 | 网孔结构 | | |
| | | | | | |

(2)利用各系数取值表,将各种因素对照相关系数表,填入各表相应计算栏内,确定相应的系数,由计算公式算出 $K_1(K_1')$,$K_2$,$K_3$,$K_4$,并求出 $K_0$。

**3. 计算整副模具的价格**

(1)确定模具的数据,如模具材料、特殊外加工费(皮纹、外协试模等)、整套购入部件等;

(2)确定管理费率、利润率、税率等;

(3)按式(1.1)计算出模具的价格;

(4)对选用的各种参数进行判断和适当的调整。

这些计算既可利用本章提供的计算表格手工计算,也可利用本书所附的 Excel 自动计算表格进行计算。

## 6.4.2 计价实例(轿车门内饰板)

实例的基本信息见表6.16,产品及模具简图如图6.2所示,技术参数计算见表6.17,材料比价法计算见表6.18。

**表 6.16　实例基本信息表**

| | | 轿车前门板模具 | | | |
|---|---|---|---|---|---|
| 工作号 | | 机型 | 轿车 | 产品名 | 前门内饰板 |
| 产品 | 长(mm) | 宽(mm) | 高(mm) | 表面积($mm^2$) | 体积($mm^3$) |
| | 950 | 580 | 100 | 484 800 | 1 551 360 |
| | 皮纹系列 | 皮纹面积($mm^2$) | 面栅类型 | 面栅面积($mm^2$) | 产品壁厚(mm) |
| | 3层 | 154 500 | | | 3 |
| | 网孔类型 | 网孔面积($mm^2$) | 薄片筋长(mm) | 深筋长(mm) | 表面抛光 |
| | 细密 | 33 400 | | 500 | |
| | 产品材料 | 高精度尺寸数 | | | |
| | PP | | | | |
| 模具 | 长(mm) | 宽(mm) | 高(mm) | 出模腔数 | 型腔体积 | 模架材料 |
| | 1 600 | 1 220 | 940 | 1 | 45 600 000 | S45C |
| | 型腔形式 | 型芯形式 | 主分型面 | 局部抽芯数 | 大抽芯数 | |
| | 整体 | 整体 | 异型 | | | |
| | 型腔材料 | PX5 | 型芯材料 | 618 | 其他主材 | NAK80 |
| | 材料硬度 HRC | 32~34 | 材料硬度 | 32 | 材料硬度 | 44 |
| | 复合直抽芯 | 复合曲线抽芯 | 二维斜推块 | 三维斜推块 | 浇口形式 | 热流道 |
| | | | 8个 | 4个 | | 2点非针阀 |
| | 寿命 | 面栅结构 | 网孔结构 | | | |
| | 50万模次以下 | | 上下镶块 | | | |

表 6.17
(a) 实例技术参数法 $K_1$ 取值表

| | | 长<br>(mm) | 宽<br>(mm) | 高<br>(mm) | 体积<br>$(mm)^2$ | 产品尺寸系数 |
|---|---|---|---|---|---|---|
| 同一型腔分割 | 1 | 950 | 580 | 100 | 55 100 000 | |
| | 2 | -950 | -100 | -100 | -9 500 000 | 减不规则空 |
| | 3 | | | | 0 | |
| | 4 | | | | 0 | |
| | 5 | | | | 0 | |
| | 6 | | | | 0 | |
| 合计 | | | | | 45 600 000 | 45.6 |
| 一模同型多腔数 $N$ | | 调整系数 | | | 取值 | 25.08 |
| 1 | | 0.5~0.9 | | | 0.55 | |
| 另一型腔分割 | 1 | | | | 0 | |
| | 2 | | | | 0 | |
| | 3 | | | | 0 | |
| | 4 | | | | 0 | |
| | 5 | | | | 0 | |
| | 6 | | | | 0 | |
| | 7 | | | | 0 | |
| 合计 | | | | | 0 | 0 |
| 一模另一型多腔数 $N$ | | 调整系数 | | | 取值 | |
| | | 0.5~0.9 | | | | |
| 总计 | | | | | | 25.08 |
| 壁厚<br>(mm) | | 长<br>(mm) | 宽<br>(mm) | 高<br>(mm) | 产品表面积<br>$(mm^2)$ | 产品体积<br>$(mm^3)$ |
| 3.2 | | 950 | 580 | 100 | 484 800 | 1 551 360 |

续表

(a) 

| 客户名 | 机种名 | 部品名 | 重量(kg) | 注塑材料 | 注塑机吨位(t) |
|---|---|---|---|---|---|
| 客户 长L(mm) | 宽W(mm) | 高H(mm) | | | |
| | 轿车A | 前门内饰板 | 7167 | PP | 1600 |
| 1600 | 1220 | 940 | | | |

模具 长L(mm) 宽W(mm) 高H(mm)

(b) 模具材料比价计算表

| 产品 长L(mm) | 宽W(mm) | 高H(mm) | 密度(d/mm³) | 产品体积(mm³) | 产品重量(t) |
|---|---|---|---|---|---|
| 950 | 580 | 100 | 0.91 | 1 551 360 | 1.412 |

| 每模取件数 | 产品表面 | 取件方式 | 热流道 |
|---|---|---|---|
| 1模1件 | 三层皮纹 | 机械手 | 非针阀式 |

模具材料/部品明细

| 模具零件名 | 长L(mm) | 宽W(mm) | 高H(mm) | 数量 | 重量(kg) | 材质 | 单价(元/kg) | 金额(元) | 产品 |
|---|---|---|---|---|---|---|---|---|---|
| 定模座板 | 1 100 | 980 | 60 | 1 | 791 | 45C | 4 352 | 791 | 型腔 |
| 截流腔座板 | | | | | 0 | 45C | | 0 | |
| 自动脱料板 | | | | | 0 | 45C | | 0 | |
| 型腔板 | 900 | 850 | 480 | 1 | 3 204 | PX5 | 57 679 | 38 453 | |
| 型芯板 | 900 | 850 | 180 | 1 | 1 319 | 618 | 23 750 | 11 875 | 型芯 |
| 型芯底板 | | | | | 0 | 45C | | 0 | |
| 顶出推板 | 900 | 200 | 175 | | | 45C | | | |
| 模脚支架 | 900 | 450 | 40 | 2 | 620 | 45C | 3 408 | 620 | 整体 |
| 推杆固定板 | 900 | | | | 204 | 45C | 1 120 | 204 | |
| 推板 | 900 | 450 | 50 | | 238 | 45C | 1 307 | 238 | |

其他零件/部品明细

| 零件名 | 材质 | 数量 | 单价(元/kg) | 金额(元) |
|---|---|---|---|---|
| 斜推块 | PX5 | 75 | 30 | 2 250 |
| 斜导柱 | | 12 | | 0 |
| 顶杆 | | 14 | 30 | 360 |
| 顶管 | | 6 | 120 | 1 680 |
| 弹簧 | | 4 | 150 | 900 |
| 导柱导套 | | | 1 000 | 4 000 |
| 合计 | | | | 9 190 |

选购件明细

| 零件名 | 规格 | 数量 | 单价(元/kg) | 金额(元) |
|---|---|---|---|---|
| 热流道 | 非针阀式 | 2 | 5 000 | 10 000 |

续表

| 模具零件名 | 长L (mm) | 宽W (mm) | 高H (mm) | 数量 | 重量 (kg) | 材质 | 单价 (元/kg) | 金额 (元) | 零件名 | 数量 | 材质 | 单价 (元/kg) | 金额(元) |
|---|---|---|---|---|---|---|---|---|---|---|---|---|---|
| 动模座板 | 1 100 | 980 | 60 | 1 | 791 | 45C | 4 352 | 791 | 截流腔 |  |  |  | 0 |
| 其他 |  |  |  |  | 0 | 45C |  | 0 | 隔热板 |  |  |  | 0 |
| 模架合计 |  |  |  |  | 7 167 |  | ＃＃＃＃ | 52 971 | 备件 |  |  |  | 0 |
| 定模镶件1 | 300 | 200 | 100 | 1 | 47 | NAK80 | 3 062 | 47 | 面处理 (cm²) | 0 | 三层皮纹 | 8 | 0 |
| 2 |  |  |  |  | 0 | S55C | 0 | 0 | 热处理 |  |  |  | 0 |
| 3 |  |  |  |  | 0 | 45C | 0 | 0 | 雕刻 |  |  |  | 0 |
| 动模镶件1 | 300 | 200 | 100 | 1 | 47 | ＃＃＃ | 848 | 377 | 外部试模 |  |  |  | 0 |
| 2 |  |  |  |  | 0 | S55C | 0 | 0 | 试模材料(kg) | 150 | PP | 11.5 | 1 725 |
| 3 |  |  |  |  | 0 | 45C | 0 | 0 | 运输费 |  |  |  | 0 |
| 滑块1 |  |  |  |  | 0 | S55C | 0 | 0 |  |  |  |  | 0 |
| 2 |  |  |  |  | 0 | 45C | 0 | 0 |  |  |  |  | 0 |
| 3 |  |  |  |  | 0 | 45C | 0 | 0 |  |  |  |  | 0 |
| 合计 |  |  |  |  |  |  | 3 909 | 424 | 合计 |  |  |  | 11 725 |

工艺性材料明细

整套购入部件或客户专定外购服务

| | 长L (mm) | 宽W (mm) | 高H (mm) | 数量 | 重量 (kg) | 材质 | 单价 (元/kg) | 金额(元) | | | | | |
|---|---|---|---|---|---|---|---|---|---|---|---|---|---|
| 电极1 | 300 | 200 | 100 | 2 | 2.4 | 精石墨 | 1 008 | 2 448 | 热流道系统 |  |  |  | 0 |
| 2 |  |  |  |  | 2.1 | 粗石墨 | 0 | 0 | 液压缸 |  |  |  | 0 |

续表

| 模具零件名 | 长L (mm) | 宽W (mm) | 高H (mm) | 数量 | 重量(kg) | 材质 | 单价(元/kg) | 金额(元) | 零件名 | 材质 | 数量 | 单价(元/kg) | 金额(元) |
|---|---|---|---|---|---|---|---|---|---|---|---|---|---|
| 3 | | | | | 8.9 | 紫铜 | 0 | 0 | 电动机 | | | | 0 |
| 4 | | | | | 8.9 | 紫铜 | 8 | 38 784 | 面处理 | 三层皮纹 | 4 848 | 0 | 0 |
| 夹具1 | | | | | 0 | 45C | 0 | 0 | 出口包装 | | | | 0 |
| 2 | | | | | 0 | 45C | 0 | 0 | 出口经费 | | | | 0 |
| 3 | | | | | 0 | 45C | 0 | 0 | | | | | |
| 其他 | | | | | | | | | | | | | |
| 合计 | | | | | | | 1 008 | 38 784 | 合计 | | | | 2 448 |

| 基点材料(元) | $K_1$ | $K_2$ | $K_3$ | $K_4$ | $K_0$ | 基价(元) | 材料差额(元) | 其他材料(元) | 管理费(元) | 利润率 | 利润(元) | 税率 | 税额(元) | 估算价(元) |
|---|---|---|---|---|---|---|---|---|---|---|---|---|---|---|
| 100 886 | 2 | 2.5 | 1.7 | 0 | 5.7 | 675 078 | 55 843 | 59 699 | | | | | | 796 590 |

钢材单价调整表

| 材料名 | 设定价(元/kg) | 与45C差价(元/kg) | 含税价(元/kg) | 密度(kg/m³) |
|---|---|---|---|---|
| 45C | 5.5 | | 6.5 | 7 850 |
| 50C | 5.5 | | 7.5 | |
| S55C | 5.5 | | 8 | |

其他材料单价调整表

| 材料名 | 不含税价(元/kg) | 含税价(元/kg) | 密度(kg/dm³) |
|---|---|---|---|
| 精石墨 | 35 | 120 | 2.4 |
| 粗石墨 | 35 | 35 | 2.1 |
| 紫铜 | 40 | 55 | 8.9 |

塑料单价调整表

| 材料名 | 无税价(元/kg) | 含税价(元/kg) | 密度(kg/dm³) |
|---|---|---|---|
| ABS | 12.8 | 15 | 1.09 |
| AS | 12.6 | 14.8 | 1.09 |
| HIPS | 10.3 | 12 | 1 |

续表

| 材料名 | 设定价(元/kg) | 与45C差价(元/kg) | 含税价(元/kg) | 密度(kg/m³) | 材料名 | 不含税价(元/kg) | 含税价(元/kg) | 密度(kg/dm³) | 材料名 | 无税价(元/kg) | 含税价(元/kg) | 密度(kg/dm³) |
|---|---|---|---|---|---|---|---|---|---|---|---|---|
| 45锻件 | 5.5 | | 10.5 | | | | | | PS | 10 | 11.7 | 1.05 |
| 国产P20 | 18 | | 18 | | | | | | PP | 9.8 | 11.5 | 0.91 |
| 2738 | 18 | | 26 | | 铍铜硬 | 555.6 | 650 | 8.1 | 硬PVC | 9.4 | 11 | 1.4 |
| 618 | 18 | | 27 | | 铍铜 | 324.8 | 380 | 8.1 | 软PVC | 6.2 | 7.2 | 1.25 |
| 718 | 65 | | 65 | | LY12 | 29.1 | 34 | 2.71 | HDPE | 9.4 | 11 | 0.96 |
| 738 | 18 | | 26 | | 隔热板($m^2$) | 854.7 | 1 000 | | LDPE | 10.1 | 11.8 | 0.92 |
| PX5 | 18 | | 30 | 7 850 | | | | | PC | 32.1 | 37.5 | 1.19 |
| NAK80 | 65 | | 66 | | | | | | PA66 | 26.9 | 31.5 | 1.13 |
| DH2F | 90 | | 95 | | | | | | | | | |
| SKD61 | 65 | | 67 | | | | | | | | | |
| S136 | 90 | | 110 | | | | | | | | | |
| 8407 | 90 | | 105 | | | | | | | | | |
| 635 | 90 | | 120 | | | | | | | | | |

续表

调整表

| 型腔 | 型芯 | 每模取件数 | 取件方式 | 表面要求 | 热流道 | 皮纹类别 | 无税价(元/cm²) | 含税价(元/cm²) |
|---|---|---|---|---|---|---|---|---|
| 整体 | 整体 | 1模1件 | 手动 | 一层皮纹 | 自制简易 | 亚光 | 2.4 | 2.8 |
| 镶块 | 镶块 | 1模2件相同 | 自动落料 | 二层皮纹 | 非针阀式 | 喷砂 | 1.7 | 2 |
| 镶拼 | 镶拼 | 1模2件2不同 | 机械手 | 三层皮纹 | 针阀式 | 一层皮纹 | 2.6 | 3 |
|  |  | 1模3件相同 |  | 亚光 |  | 二层皮纹 | 5.1 | 6 |
|  |  | 1模4件相同 |  | 喷砂 |  | 三层皮纹 | 6.8 | 8 |
|  |  | 1模3件3不同 |  | 1 000粒 | 整系统购入 |  | 0 |  |
|  |  | 1模4件2不同 |  | 1 200粒 |  |  | 0 |  |
|  |  | 1模6件相同 |  | 1 500粒 |  |  | 0 |  |
|  |  |  |  | 2 000粒 |  |  | 0 |  |
|  |  |  |  | 3 000粒 |  |  | 0 |  |
|  |  |  |  | 8 000粒 |  |  | 0 |  |
|  |  |  |  | 12 000粒 |  |  | 0 |  |
|  |  |  |  | 14 000粒 |  |  | 0 |  |

表 6.18
(a) 实例材料比价法系数 $K_1'$

| 材料硬度 HRC | <25 | 25~32 | 32~36 | 36~44 | 44~52 | >52 |
|---|---|---|---|---|---|---|
| 系数标准 | 1 | 1.2~1.5 | 1.5~2 | 2~2.5 | 2.5~3 | 3~4 |
| 实际 | | | 1.5 | | 1.5 | |

| 壁厚(mm) | 长(mm) | 宽(mm) | 高(mm) | 产品表面积(mm²) | 产品体积(mm³) |
|---|---|---|---|---|---|
| 3.2 | 950 | 580 | 100 | 484 800 | 1 551 360 |

(b) 实例材料比价法系数 $K_2$

| 结构要素 | | | 系数数值 | 选用说明 | 系数代号 | 实际数 | 选取值 |
|---|---|---|---|---|---|---|---|
| 抽芯 | 1处 | 局部 | 0.1~0.2 | 见表6.11 | $K_{21}$ | | |
| | | 全部 | 0.2~0.3 | | | | |
| | 2处 | 局部 | 0.15~0.25 | | | | |
| | | 全部 | 0.3~0.5 | | | | |
| | 3处 | 局部 | 0.2~0.3 | | | | |
| | | 全部 | 0.5~0.8 | | | | |
| | 4处 | 局部 | 0.25~0.35 | | | | |
| | | 全部 | 0.6~1 | | | | |
| 复合抽芯 | 1处 | 直线 | 0.3~0.5 | | $K_{22}$ | | |
| | | 曲线 | 0.5~1 | | | | |
| 斜推块 | 1处 | 二维 | 0.1~0.15 | | $K_{23}$ | 8 | 0.5 |
| | | 三维 | 0.2~0.3 | | | 4 | 0.65 |
| 主分型面 | 平面 | 镶拼式型芯 | 0~0.3 | | $K_{24}$ | | |
| | | 整体型芯 | 0~1 | | | | |
| | | 整体型腔 | 0~1 | | | | |
| | 异型面 | 镶拼式型芯 | 0~0.6 | | $K_{25}$ | | |
| | | 整体型芯 | 0~1.6 | | | 100 | 0.5 |
| | | 整体型腔 | 0~1.3 | | | 100 | 0.3 |

续表

| 结构要素 | | 系数数值 | 选用说明 | 系数代号 | 实际数 | 选取值 |
|---|---|---|---|---|---|---|
| 开模次数 | 2次 | 0.1~0.2 | 见表6.11 | $K_{26}$ | | |
| | 3次 | 0.2~0.5 | | | | |
| 进料形式 | 热流道 1点 | 0.1~0.2 | | $K_{27}$ | 2 | 0.5 |
| | 热流道 2点 | 0.3~0.7 | | | | |
| | 2点以上每增1点 | 0.08~0.12 | | | | |
| 合计 | | $K_2 = \sum K_{2i}$ | | | | 2.45 |

(c) 实例材料比价法系数 $K_3$

| 产品表面特征因数 | | 系数数值 | 选用说明 | 系数代号 | 产品数值 | 选取值 |
|---|---|---|---|---|---|---|
| 面栅 | 碰穿式 镶块 | (1.5~2.5)×外面积比 | 见表6.12 | $K_{31}$ | | |
| | 碰穿式 整体 | (2.5~3.5)×外面积比 | | | | |
| | 对插式 镶块 | (2~3)×外面积比 | | $K_{32}$ | | |
| | 对插式 整体 | (3.5~4.5)×外面积比 | | | | |
| 网孔 | 细密孔 镶块 | (3~4)×外面积比 | | $K_{33}$ | 0.069 | 0.2415 |
| | 细密孔 整体 | (5~6)×外面积比 | | | | |
| | 疏孔 镶块 | (2.5~3.5)×外面积比 | | $K_{34}$ | | |
| | 疏孔 整体 | (4~5)×外面积比 | | | | |
| 片筋 | 薄片 长度≤50 mm | 0.1~0.15 | | $K_{35}$ | | |
| | 薄片 每长50 mm | 0.1~0.15 | | | 500 | 1 |
| 薄壁 | 1~1.5 | 0.2~0.4 | | $K_{36}$ | | |
| | ≤1 | 0.3~0.7 | | | | |

| 产品表面特征因数 | | 系数数值 | 选用说明 | 系数代号 | 产品数值 | 选取值 |
|---|---|---|---|---|---|---|
| 表面处理 | 抛光 1000粒以下 | 0.5 | 见表6.12 | $K_{37}$ | | 0.5 |
| | 抛光 2 000粒以下 | 0.5～0.8 | | | | |
| | 抛光 8 000粒以下 | 0.8～1.5 | | | | |
| | 抛光 14 000粒以下 | 1.5～2.5 | | | | |
| 合计 | | $K_3 = \sum K_{3i}$ | | | | 1.741 5 |

(d) 实例材料比价法系数 $K_4$

| 产品尺寸状态 | 高精度尺寸数 | 系数 $K_4$ 值 | 系数代号 | 产品数值 | 选取值 |
|---|---|---|---|---|---|
| 塑料制品上的尺寸精度均为一般 | 0 | 0 | $K_4$ | | |
| 塑料制品上的尺寸有高精度与一般精度，当高精度尺寸数如右时 | 2个以内 | 0.1 | | | |
| | 3～5个 | 0.2 | | | |
| | 6～10个 | 0.5 | | | |
| | 11～20个 | 1 | | | |
| | >20个 | 1～2 | | | |
| 合计 | | | | | 0 |

(e) 实例材料比价法系数 $K_0$

| 一模同腔数 | | 0 | | 一模异腔数 | | 0 |
|---|---|---|---|---|---|---|
| $K_0 = K_1' + K_2 + K_3 + K_4$ | | | | | | |
| $K_1'$ | | $K_2$ | | $K_3$ | $K_4$ | $K_0$ |
| 1.5 | | 2.45 | | 1.741 5 | 0 | 5.691 5 |

续表

(f) 模具价格技术参数法计算表

| | 客户名 | 机种名 | 部品名 | 注塑材料 | 密度(d/mm³) | 产品 | 长L(mm) | 宽W(mm) | 高H(mm) | 产品体积(mm³) | 产品重量(t) |
|---|---|---|---|---|---|---|---|---|---|---|---|
| 客户 | | 轿车A | 前门内饰板 | PP | 0.91 | 型腔 | 950 | 580 | 100 | 1 551 360 | 1.412 |
| 模具 | 长L(mm) 1600 | 宽W(mm) 1220 | 高H(mm) 940 | 重量(kg) 12 109 | 注塑机吨位(t) 1600 | | 整体 | 每模取件数 1模1件 | 取件方式 机械手 | 产品表面 三层皮纹 | 热流道 非针阀式 |

模架材料/部品明细

| 模具零件名 | 长L(mm) | 宽W(mm) | 高H(mm) | 数量 | 重量(kg) | 材质 | 单价(元/kg) | 金额(元) |
|---|---|---|---|---|---|---|---|---|
| 基本模架 | 1 600 | 1 220 | 940 | 1 | 12 109 | 45C | 5.6 | 67 811 |
| 定模座板 | 1 600 | 1 220 | 60 | | 1 390 | 45C | 5.6 | 0 |
| 自动脱料板 | | | | | | 45C | 5.6 | 0 |
| 型腔板 | 1 280 | *980 | 220 | 1 | 2 551 | PX5 | 25.6 | 65 312 |
| 型芯板 | 1 280 | 980 | 280 | 1 | 3 164 | 618 | 23.1 | 73 078 |
| 顶出推板 | | | | | | 45C | 5.6 | 0 |
| 模脚支架 | | | | | | 45C | 5.6 | 0 |
| 推杆固定板 | | | | | | 45C | 5.6 | 0 |
| 推板 | | | | | | 45C | 5.6 | 0 |

其他零件/部品明细

| 零件名 | 材质 | 数量 | 单价(元/kg) | 金额(元) |
|---|---|---|---|---|
| 斜推块 | PX5 | 75 | 26 | 1 920 |
| 斜导柱 | | 12 | 30 | 360 |
| 顶杆 | | 14 | 120 | 1 680 |
| 顶管 | | 6 | 150 | 900 |
| 弹簧 | | | | |
| 合计 | | | | 4 860 |

选购件明细

| 零件名 | 规格 | 数量 | 单价(元/kg) | 金额(元) |
|---|---|---|---|---|
| 热流道 | 非针阀式 | 2 | 5 000 | 10 000 |

续表

| 模具零件名 | 长L(mm) | 宽W(mm) | 高H(mm) | 数量 | 重量(kg) | 材质 | 单价(元/kg) | 金额(元) | 零件名 | 数量 | 规格 | 单价(元/kg) | 金额(元) |
|---|---|---|---|---|---|---|---|---|---|---|---|---|---|
| 动模座板 | 1 600 | 1 220 | 60 | | 1 390 | 45C | 5.6 | | 截流腔 | | | | 0 |
| 其他 | | | | | 0 | 45C | 5.6 | | 隔热板 | | | | 0 |
| 模架合计 | | | | | | | | 206 201 | 备件 | | | | 0 |
| 定模镶件1 | 300 | 200 | 100 | 1 | 47.1 | NAK80 | 56.4 | 2 656 | 面处理(cm²) | 0 | 三层皮纹 | 6.838 | 0 |
| 2 | | | | | 0 | 45C | 5.6 | | 热处理 | | | | 0 |
| 3 | | | | | 0 | 45C | 5.6 | | 雕刻 | | | | 0 |
| 动模镶件1 | 300 | 200 | 100 | 1 | 47.1 | 2738 | 22.2 | 1 046 | 外部试模 | | | | 0 |
| 2 | | | | | 0 | 45C | 5.6 | | 试模材料 | | | | 0 |
| 3 | | | | | 0 | 45C | 5.6 | | 运输费 | 150 | 1.6 | 9.8 | 1 470 |
| 滑块1 | | | | | 0 | 45C | 5.6 | | | | | | |
| 2 | | | | | 0 | 45C | 5.6 | | | | | | |
| 3 | | | | | 0 | 45C | 5.6 | | | | | | |
| 合计 | | | | | | | | 3 702 | 合计 | | | | 11 470 |

工艺性材料明细

| | 长L(mm) | 宽W(mm) | 高H(mm) | 数量 | 重量(kg) | 材质 | 单价(元/kg) | 金额(元) | 零件名 | 数量 | 规格 | 单价(元/kg) | 金额(元) |
|---|---|---|---|---|---|---|---|---|---|---|---|---|---|
| 电极1 | 300 | 200 | 100 | 2 | 2.4 | 精石墨 | 102.6 | 1 477 | 热流道系统 | | | | 0 |
| 2 | | | | | 8.9 | 紫铜 | 47 | 0 | 液压缸 | | | | 0 |

整套购入部件或客户专定外购服务

续表

| 模具零件名 | 长L(mm) | 宽W(mm) | 高H(mm) | 数量 | 重量(kg) | 材质 | 单价(元/kg) | 金额(元) | 零件名 | 数量 | 规格 | 单价(元/kg) | 金额(元) |
|---|---|---|---|---|---|---|---|---|---|---|---|---|---|
| 3 | | | | | 8.9 | 紫铜 | 47 | 0 | 电动机 | | | 6.838 | 0 |
| 4 | | | | | 8.9 | 紫铜 | 47 | 33 149 | 面处理(cm²) | 4 848 | 三层皮纹 | | 33 149 |
| 夹具1 | | | | | 0 | 45C | 5.6 | 0 | 出口包装 | | | | 0 |
| 2 | | | | | 0 | 45C | 5.6 | 0 | 出口经费 | | | | 0 |
| 3 | | | | | 0 | 45C | 5.6 | 0 | | | | | |
| 其他 | 500 | 300 | 80 | 1 | 94.2 | 45C | 5.6 | 528 | | | | | |
| 合计 | | | | | | | | 2 005 | 合计 | | | | |

| 基点工时(h) | $K_1$ | $K_2$ | $K_3$ | $K_4$ | $K_0$ | 基点工价(元/h) | 工费(元) | 管理费率 | 管理费(元) | 利润率 | 利润(元) | 税率 | 税额(元) | 计算价(元) |
|---|---|---|---|---|---|---|---|---|---|---|---|---|---|---|
| 80 | 25.1 | 1.71 | 1.314 | 1 | 56 | 60 | 270 393 | 0.18 | 89 754 | 0.12 | 70 606 | 17% | 1E+05 | 813 681 |

钢材单价调整表

| 材料名 | 不含税价(元/kg) | 与45C差价(元/kg) | 含税价(元/kg) | 密度(kg/m³) |
|---|---|---|---|---|
| 45C | 5.6 | 0 | 6.5 | 7 850 |
| 50C | 6.4 | 0.8 | 7.5 | |
| S55C | 6.8 | 1.2 | 8 | |

其他材料单价调整表

| 材料名 | 不含税价(元/kg) | 含税价(元/kg) | 密度(kg/dm³) |
|---|---|---|---|
| 精石墨 | 102.6 | 120 | 2.4 |
| 粗石墨 | 29.9 | 35 | 2.1 |
| 紫铜 | 47 | 55 | 8.9 |

塑料单价调整表

| 材料名 | 无税价(元/kg) | 含税价(元/kg) | 密度(kg/dm³) |
|---|---|---|---|
| ABS | 12.8 | 15 | 1.09 |
| AS | 12.6 | 14.8 | 1.09 |
| HIPS | 10.3 | 12 | 1 |

续表

| 材料名 | 设定价 (元/kg) | 与45C差价(元/kg) | 含税价 (元/kg) | 密度 (kg/m³) | 材料名 | 不含税价 (元/kg) | 含税价 (元/kg) | 密度 (kg/dm³) | 材料名 | 无税价 (元/kg) | 含税价 (元/kg) | 密度 (kg/dm³) |
|---|---|---|---|---|---|---|---|---|---|---|---|---|
| 45锻件 | 9 | 3.4 | 10.5 | | | | | | PS | 10 | 11.7 | 1.05 |
| 国产P20 | 15.4 | 9.8 | 18 | | | | | | PP | 9.8 | 11.5 | 0.91 |
| 2738 | 22.2 | 16.6 | 26 | | 铍铜硬 | 555.6 | 650 | 8.1 | 硬PVC | 9.4 | 11 | 1.4 |
| 618 | 23.1 | 17.5 | 27 | | 铍铜 | 324.8 | 380 | 8.1 | 软PVC | 6.2 | 7.2 | 1.25 |
| 718 | 55.6 | 50 | 65 | | LY12 | 29.1 | 34 | 2.71 | HDPE | 9.4 | 11 | 0.96 |
| 738 | 22.2 | 16.6 | 26 | | 隔热板(m²) | 854.7 | 1 000 | | LDPE | 10.1 | 11.8 | 0.92 |
| PX5 | 25.6 | 20 | 30 | 7 850 | | | | | PC | 32.1 | 37.5 | 1.19 |
| NAK80 | 56.4 | 50.8 | 66 | | | | | | PA66 | 26.9 | 31.5 | 1.13 |
| DH2F | 81.2 | 75.6 | 95 | | | | | | | | | |
| SKD61 | 57.3 | 57.3 | 67 | | | | | | | | | |
| S136 | 94 | 88.4 | 110 | | | | | | | | | |
| 8407 | 89.7 | 84.1 | 105 | | | | | | | | | |
| 635 | 102.6 | 97 | 120 | | | | | | | | | |

续表

调整表

| 型腔 | 型芯 | 每模取件数 | 取件方式 | 表面要求 | 热流道 | 皮纹类别 | 无税价(元/cm²) | 含税价(元/cm²) |
|---|---|---|---|---|---|---|---|---|
| 整体 | 整体 | 1模1件 | 手动 | 一层皮纹 | 自制简易 | 亚光 | 2.39 | 2.8 |
| 镶块 | 镶块 | 1模2件相同 | 自动落料 | 二层皮纹 | 非针阀式 | 喷砂 | 1.71 | 2 |
| 镶拼 | 镶拼 | 1模2件2不同 | 机械手 | 三层皮纹 | 针阀式 | 一层皮纹 | 2.56 | 3 |
|  |  | 1模3件相同 |  | 亚光 |  | 二层皮纹 | 5.13 | 6 |
|  |  | 1模4件相同 |  | 喷砂 |  | 三层皮纹 | 6.84 | 8 |
|  |  | 1模4件2不同 |  | 1 000粒 | 整系统购入 |  | 0 |  |
|  |  | 1模3件3不同 |  | 1 200粒 |  |  | 0 |  |
|  |  | 1模6件相同 |  | 1 500粒 |  |  | 0 |  |
|  |  |  |  | 2 000粒 |  |  | 0 |  |
|  |  |  |  | 3 000粒 |  |  | 0 |  |
|  |  |  |  | 8 000粒 |  |  | 0 |  |
|  |  |  |  | 12 000粒 |  |  | 0 |  |
|  |  |  |  | 14 000粒 |  |  | 0 |  |

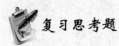 复习思考题

1. 注塑模具的估价方法有哪些?比较其特点。
2. 注塑模具估价时怎样确定制件的总尺寸数目?
3. 图6.4为一仪表罩,制件材料为PC(聚碳酸酯),厚度为1 mm。试估算该塑件注塑模具的销售价格(模具图由制造方依制件图设计)。

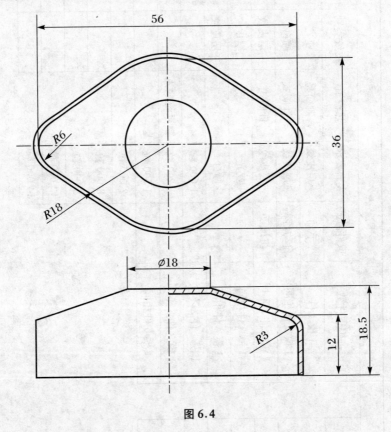

图 6.4

4. 如何做到正确地对模具进行报价?需要考虑哪些因素?

# 附　录

## 附录1　汽车检具计价方法简介

汽车制造业在我国是一项正在迅速发展的行业,检具是一种测量曲面加工精度的专用测量设备,现已被汽车行业全面认可并使用,今后汽车检具的需求量还会大量增加。检具形状复杂、精度要求高、各种检测性能全,是汽车装焊前的一道检验数学模型的重要工序。

汽车检具分为汽车车身主检具、车身总成检具、车身分总成检具、汽车零部件检具,零部件检具主要运用于冲压件、塑料件、玻璃件的检验。几乎90%的检具用于零部件的检验,以下主要论述零部件检具。

**1. 检具的结构和材料**

检具一般为上下结构,下部是底座总成,上部是检具模体和其他检验工具,以及工件的定位和夹紧装置。

(1) 底座

底座用于支承模体,一般采用板式结构或框架式结构。板式结构分为铝合金铸件(小件可采用铝型板材加工)和钢板焊接结构,框架式结构一般采用钢管焊接结构。铝合金结构变形量小,但制造周期长,适于大型车身件和外覆盖件检具。欧美厂家一般偏好铝合金结构,日韩则一般采用钢结构。

(2) 检验工具及其材料

检验工具包括检具模体、验规(样板刀)、间隙尺、检测销、轮廓模体等,检具模体的材料一般为金属和可加工塑料(汽巴树脂)。铝合金底座对应的检具模体可以是铝合金或树脂,钢结构底座对应的检具模体一般是汽巴树脂。树脂主要有两种:一是板材类,可以直接加工;二是两组分反应型树脂(糊状),几乎90%的框架结构上部的模具模体是糊状树脂。

**2. 检测内容和方法**

(1) 型面检测

目的是检验曲面精度。一般采用样板刀检验关键局部型面；模具模型上的若干支承点在加工制造时和数学模型是零对准，其他部位比数学模型整体下降一定高度(3～5 mm)。一般采用间隙塞尺塞入检具模型和检测工件之间，检验不同检测点的精度。

(2) 轮廓检测

一般有两种方法：一是根据数学模型划线检验；二是采用数控加工零位面，利用模体的外轮廓和工件的外轮廓对齐检验。

(3) 孔位置精度检测

一般有两种方法：一是销检(直销、锥销)，精度较高；二是划线检，采用目视。

**3. 计价要素和计价方法**

检具系统设计和制造的依据是数学模型、产品图样和技术协议。与模具计价类似，检具价格的构成以设计费、材料费、制造费、检测与调整费用为基本的价格构成。在报价阶段，尚未进行详细检具设计，往往是根据主要的关键因素进行估价，报价的前提是检具的结构、材料和精度，以下6点是主要因素。

(1) 检具结构类型

不同的结构，其检具加工的时间大不一样，框架结构的加工量较小。

(2) 检具使用的材料

在检具材料中，铸铝的价格最贵。

(3) 检具的精度要求

常用的定位孔精度为：$\pm 0.05$～$\pm 0.1$ mm，检测孔(如连接孔、过孔)精度为：$\pm 0.1$～$\pm 0.15$ mm，型面精度为：$\pm 0.2$～$\pm 0.3$ mm。每提高一个精度等级，就会相应增加加工的难度和时间。

(4) 所使用的测量设备

检具的检验设备一般都是昂贵的三坐标测量机，测量机的规格大小和精度决定了每小时的测量费用，测量机检测收费范围一般为：200～800 元/h。

(5) 产品的复杂程度

产品的复杂程度对价格影响特别明显，它决定了样规和检测孔的数量、影响检验模型的加工难度和检具的设计难度。一般在计价时采用复杂系数进行考虑，根据经验，复杂产品的检具价格在常规基价的基础上可另增加费用10%～50%。

(6) 采用产品面积(或者体积)作为基价计算依据

产品的面积(或体积)的大小能综合体现加工量的大小和检具测量时间的长短。采用以面积为基本计算依据，方法简单易行，比较适于检具行业批量报价的特点,该方法的特点就是对结构、材料、精度的各种典型组合积累原始数据。

根据实例经验,检具价格一般为全序模具价额的 5%～25%,而国外的比例更高。

**4. 检具价额的计算比例及内容**

(1) 价格构成

根据检具的结构和制造特点,检具的价格构成比例见附表 1,增值税按国家规定计算。

附表 1　价格构成比例(%)

| 设计费 | 材料费 | 加工费 | 检测及调整费 | 管理费 | 包装运输费 | 利润 |
|---|---|---|---|---|---|---|
| 10～15 | 20～30 | 15～25 | 20～30 | 6～12 | 2～4 | 10～15 |

(2) 举例说明

在以下两例的计算中,检具底座为钢管焊接框架结构,检具模具材料为两组分汽巴树脂,所要求的检验精度为常规精度。采用面积基价计算法,根据企业经验,每平方米价格约为 20 万元。

① 汽车后挡板加强板的检具计算方法。

轮廓尺寸:794 mm(长)×114 mm(宽)＝0.09 $m^2$。

零件复杂程度一般,取复杂系数 1.0,故总体价格为:0.09×20 万元×1.0＝1.8 万元。

② 轿车后行李箱外板的检具计算方法。

轮廓尺寸:1 300 mm(长)×600 mm(宽)＝0.78 $m^2$。

零件复杂程度高,取复杂系数 1.4,故总体价格为:0.78×20 万元×1.4＝21.84 万元。

# 附录 2　关于热处理行业协作加工价格指导原则

(试行)

(2004 年 7 月 12 号)

总　　则

第一条:为提高企业生产分析和管理水平,规范热处理市场经济秩序,避免不正当竞争给相关企业以及整个行业带来损失,特制定本指导原则。

第二条:本原则作为热处理企业承揽加工合同制定协作加工价格的参数依据。

第三条：依据本原则制定的热处理协作加工价格将作为保证产品质量和处理质量纠纷的依据。

## 定 价 依 据

第四条：热处理企业承揽加工业务的最低价格依据以下基本因素：热处理加工所付出的成本；被加工件技术等级；加工单位所承担的风险及合理利润。

第五条：热处理加工的主要成本应包括基本能源（$N_i$，$R_i$）、工艺材料及辅助材料、设备折旧、场地和厂房租金分摊、投资利息、应交税金及人工费等。

第六条：热处理各工序基本电耗（$N_i$）和基本燃料消耗（$R_i$）以标准工业消耗（$N_b$）和基本工业燃料消耗（$R_b$）为基数，根据各种热处理工艺特点及实施条件来计算。计算公式参考《热处理行业综合评价指标体系与管理》，也可参考行业评价单耗值（见附表7和附表8）。

其中：$N_i$——某一热处理工艺电耗定额（kWh/t）；

$N_b$——标准工业电耗（kWh/t）；

$R_i$——基本燃料消耗（kJ/t）；

$R_b$——基本工业燃料消耗（kJ/t）；

$K_1$——折算工艺系数（见附表2）；

$K_2$——加热方式系数（见附表3）；

$K_3$——生产方式系数（见附表4）；

$K_4$——工件材料系数（见附表5）；

$K_5$——装载系数（见附表6）。

第七条：标准工艺电耗依据 GB/T 17358—1998《热处理生产电耗定额及其计算和测定方法》中的规定，将中碳钢或中碳钢合金在额定装载量下，于830～850 ℃箱式电阻炉施行热装炉加热，连续三班生产的淬火工艺，淬火工艺电耗定位标准工艺电耗——标准工业电耗，$N_b = 300$ kWh/t。

第八条：依据 GB/T 19944—2005《热处理生产燃料消耗定额及其计算和测定方法》（标准报批稿）的规定，将标准工艺单位燃料消耗定为 $R_b = 2 \times 10^6$ kJ/t。

第九条：被加工件技术等级是指加工件的工艺水平或技术含量。一般技术等级分为：高级（采用真空或激光处理的工模具、主轴、导轨等重要零件）系数为1.5；中级（可控气氛热处理、离子渗碳、气体渗碳、气体碳氮共渗、高中频感应加热淬火的各种机械零件）系数为1.2；普通（在一般设备上的调质、正火、退火及井式炉渗碳、盐浴加热淬火等）系数为1.0。

第十条：加工单位所承担的风险金依照中国热协〔2001〕第07号文件《关于热处理加工件及相关产品质量问题的处理规定（试行）》中的规定，由合同中所订立的质量问题索赔方式来决定。

第十一条：协作双方依据热处理行业协作加工的定价原则及各地方的最低价格（见附表9）订立加工协作价格并签订合同书，价格可以各地方的最低价格为基础向上浮动。

第十二条：中国热协将陆续发布各地方的热处理协作加工最低价格，供参考。

附　　则

第十三条：中国热处理行业协会或各地方热处理行业协会可作为价格纠纷的协调机构或受仲裁机构委托参与技术鉴定。

第十四条：本规定自中国热处理行业协会发布之日起执行。

第十五条：本规定的解释权归中国热处理行业协会常务理事会。

附表2　常用热处理工艺的折算工艺系数 $K_1$

| 热处理工艺 | 折算系数 | 热处理工艺 | 折算系数 |
| --- | --- | --- | --- |
| 淬火 | 1.0 | 气体渗碳（渗层深<1.5 mm） | 2.5 |
| 正火 | 0.8 | 气体渗碳（渗层深1.5~3.0 mm） | 3.5 |
| 退火 | 1.1 | 渗碳/淬火 | 3.2 |
| 球化退火 | 1.3 | 气体渗碳 | 4.2 |
| 去应力退火 | 0.6 | 碳氮共渗 | 1.7 |
| 固溶处理 | 1.8 | 氮碳共渗 | 1.6 |
| 高温回火 | 0.5 | 气体渗氮 | 1.8 |
| 中温回火 | 0.5 | 离子渗氮 | 2.5 |
| 低温回火 | 0.4 | 感应淬火 | 0.5 |
| 时效（固溶热处理后） | 0.4 | 冷处理 | 0.3 |

附表3　加热方式系数 $K_2$

| 加热方式 | 周期炉 | 连续炉 | 气氛炉 | 真空炉 | 浴炉 | 流态炉 |
| --- | --- | --- | --- | --- | --- | --- |
| 系数 | 1.0 | 0.9 | 1.1 | 1.6 | 2.0 | 1.6 |

附表4　生产方式系数 $K_3$

| 生产方式 | 一班制 | 二班制 | 三班制 |
| --- | --- | --- | --- |
| 系数 | 1.6 | 1.4 | 1.0 |

附表 5  工件材料系数 $K_4$

| 工件材料 | 低中碳钢合金钢 | 合金工具钢 | 高合金钢 | 高速钢 |
|---|---|---|---|---|
| 系数 | 1.0 | 1.2 | 1.6 | 3.0 |
| 合金元素含量(%) | ≤5 | 5~10 | ≥10 | |

附表 6  装载系数 $K_5$

| 装载方式 | <30%额定装载量 | 30%~50%额定装载量 | 50%~80%额定装载量 | >80%额定装载量 |
|---|---|---|---|---|
| 系数 | 1.6 | 1.4 | 1.2 | 1.0 |

注:感应淬火按 $K_5=1$ 计。

附表 7  常见的热处理工序能耗行业评价单耗 $N_i$

| 序 号 | 工序名称 | 单耗 $N_i$(kWh/t) |
|---|---|---|
| 1 | 箱式炉淬火 | 458 |
| 2 | 盐浴炉中温淬火 | 1 198 |
| 3 | 保护气氛淬火 | 756 |
| 4 | 气体渗碳(渗层约 1 mm) | 1 356 |
| 5 | 气体碳氮(渗层约 1 mm) | 1 178 |
| 6 | 气体渗氮(渗层约 0.5 mm) | 996 |
| 7 | 气体氮碳共渗 | 456 |
| 8 | 离子渗氮 | 4 086 |
| 9 | 高频淬火 | 367 |
| 10 | 中频淬火 | 298 |
| 11 | 真空淬火 | 1 431 |
| 12 | 高温回火≥650 ℃ | 496 |
| 13 | 中低温回火(含时效) | 169 |
| 14 | 井式炉淬火 | 768 |
| 15 | 退火 | 590 |
| 16 | 正火 | 548 |
| 17 | 高温盐浴炉淬火 | 948 |

附表 8 常见热处理工序燃料消耗行业评价单耗 $R_i$

| 热处理工艺 | 燃料消耗定额($\times 10^6$ kJ/t) |
| --- | --- |
| 淬火 | 2.3 |
| 正火 | 1.8 |
| 退火 | 2.6 |
| 球化退火 | 2.8 |
| 去应力退火 | 1.5 |
| 不锈钢固溶处理 | 3.9 |
| 低温(<250 ℃)回火 | 0.9 |
| 中温(250~500 ℃)回火 | 1.2 |
| 高温(>500 ℃)回火 | 1.4 |
| 时效(固熔处理后) | 0.95 |
| 气体渗碳(渗层深<1.5 mm) | 5.5 |
| 气体渗碳(渗层深 1.5~3.0 mm) | 7.6 |
| 渗碳、淬火、回火(渗层深<1.5 mm) | 6.9 |
| 渗碳、淬火、回火(渗层深 1.5~3.0 mm) | 8.9 |
| 碳氮共渗 | 3.8 |
| 氮碳共渗 | 1.5~1.7 |
| 气体渗氮 | 5.5 |
| 火焰淬火 | 1.2 |

附表 9 各地区热处理协作加工最低价格

| 工 序 | 价格(元/kg) | | | | | | | | |
| --- | --- | --- | --- | --- | --- | --- | --- | --- | --- |
| | 江苏 | 天津、北京 | 无锡 | 上海 | 苏州 | 兰州 | 武汉 | 合肥 | 哈尔滨 |
| 1. 退火及回火(以电炉加热为准) | | | | | | | | | |
| 高温退火 ≥900 ℃ | 1.7 | 1.2 | 1.2 | 1.3 | 1.5 | 1.5 | 1.0 | | 1.5 |
| 完全退火、球化退火、等温退火 | 1.4 | 1.0 | 1.2 | 1.6 | 1.5 | 1.2 | 1.2 | 1.0 | 1.3 |

续表

| 工　序 | 价格(元/kg) | | | | | | | | |
|---|---|---|---|---|---|---|---|---|---|
| | 江苏 | 天津、北京 | 无锡 | 上海 | 苏州 | 兰州 | 武汉 | 合肥 | 哈尔滨 |
| 再结晶退火、高温退火、人工时效 | 1.1 | 0.8 | 0.8 | 0.9 | 1.3 | 0.5 | 0.6 | 0.8 | 0.6 |
| 光亮退火、装箱退火 | | | 1.2 | 1.2 | 1.9 | 1.8 | 1.5 | 2.0 | 1.5 |
| 2. 正火类 | | | | | | | | | |
| 箱式炉正火≥950 ℃(<950 ℃) | 1.2 | 1.0 | 1.0(0.8) | 1.2(0.8) | 1.1 | 1.1 | 0.9 | 1.0 | 1(0.8) |
| 井式炉正火≥950 ℃(<950 ℃) | 1.2 | 1.3 | 1.2(1.0) | 1.4(1.1) | 1.1 | 1.1 | 1.1 | | 1.2(1.02) |
| 盐浴炉正火 | 1.9 | 1.6 | 2 | 1.5 | 1.8 | | | | 1.5 |
| 3. 调质类 | | | | | | | | | |
| 箱式炉、台车炉<950 ℃ | 2.5 | 1.6 | 1.5 | 1.8 | 1.4 | 1.1 | 1.0 | | 1.8 |
| 盐式炉、台车炉≥950 ℃ | 3.6 | 1.8 | 1.8 | 1.9 | 1.8 | 4 | | | |
| 盐浴调质 | 2.9 | | | 2.3 | | | | | |
| 井式电炉(按炉膛深度分) | | | | | | | | | |
| ≤2 m | 3.2 | 2.0 | 2 | 1.9 | 2.0 | 1.5 | 1.1 | | 2 |
| 2～4 | 3.2 | 2.2 | 2.5 | 2.2 | 2.7 | | 1.3 | | 3 |
| ≥4 mm | 3.8 | 2.5 | 4 | 2.6 | 3.6 | | 1.48 m以上面议 | | 3 |
| 模具及高合金钢 | | | 3 | 3.1 | | | | | |

续表

| 工　序 | 价格(元/kg) | | | | | | | | |
|---|---|---|---|---|---|---|---|---|---|
| | 江苏 | 天津、北京 | 无锡 | 上海 | 苏州 | 兰州 | 武汉 | 合肥 | 哈尔滨 |
| **4. 盐浴炉淬火类**(盐浴、碱浴、等温冷却加价20%) | | | | | | | | | |
| 碳素钢、低合金钢 | 2.7 | 2.5 | 2.5 | 2.1 | 2.4 | 2 | 2.5 | 2.8 | 3.5 |
| 高合金钢(模具等)≤950 ℃ | 2.7 | 3.0 | 3.0 | 3.1 | 4.0 | 5.0 | 3 | 3.8 | 5 |
| 高速钢(三次回火、清洗) | 12.5 | 15 | 15 | 15 | 14 | 10 | 8 | 8.2 | 8 |
| 高合金钢(>950 ℃) | 5 | 5 | 5 | 6 | 4.5 | 5.0 | 5 | | 6 |
| 轧辊 | 3.5 | | | | | | | | |
| **5. 保护淬火** | | | | | | | | | |
| 可控气氛炉加热 | | 3.0 | 3.0 | 3.1 | 2.7 | | 3 | 4.05 | 2 |
| **6. 感应淬火类、火焰淬火类** | | | | | | | | | |
| 工频淬火 | 轴类按长度和直径计,齿轮类按模数以及齿宽直径计 | 2.5 | 轴类按长度和直径计,齿轮类按模数以及齿宽直径计,平面类按表面积计 | 2.6 | 2.4 | | 轴类按长度和直径计,齿轮价格=模数×齿宽(10的倍数)×加权系数 | 1.25 | 同厂家协商按件来定价 |
| 中频、超音频淬火 | | 2.0 | | 2 | 1.8 | | | | |
| 高频、火焰淬火 | | 1.5 | | 1.6 | 1.8 | | | | |
| M>8 mm 单齿淬火 | | 3.0 | | | 2.7 | | | | |
| 特殊小件局部淬火 | | 面议 | | | 0.5元(件) | | | | |
| 钢导轨淬火(不含校直) | | 10 | | 5.2 | 9 | | | | |
| 铸铁床身导轨面淬火 | | 2 | | 180元/m(≤1.5 m) | | | | | |

续表

| 工　序 | 价格(元/kg) | | | | | | | | |
|---|---|---|---|---|---|---|---|---|---|
| | 江苏 | 天津、北京 | 无锡 | 上海 | 苏州 | 兰州 | 武汉 | 合肥 | 哈尔滨 |
| 7. 渗碳类 | | | | | | | | | |
| 渗碳直接淬火(渗层0.6~1.5 mm) | 4.5 | 3.0 | 3 | 4.6 | 4.1 | 2.0 | 3 | | 3 |
| 渗碳直接淬火(渗层1.5~2.0 mm) | 5.5 | 3.5 | 4.2 | 5.6 | 5.4 | 2 | | | 4 |
| 渗碳空冷<br>渗层0.8~1.5 mm<br>渗层1.5~2.0 mm | 3.8 | 2.0<br>2.5 | 2<br>4 | 3<br>3.6 | 5.4<br>7.2 | | 1.8<br>3 | 3<br>4.65 | 2.5<br>3.5 |
| 可控气氛渗碳、渗碳淬火 | | 5 | 5 | 5.6 | | | | 6 | 5 |
| 8. 碳氮共渗直接淬火 | | | | | | | | | |
| 渗层≤0.4 mm | 5.1 | 2.5 | 3 | 3.2 | 4.5 | | 3 | 3 | 3 |
| 渗层>0.4 mm | 6.3 | 3 | 4 | 5.5 | 5.4 | | 4 | 4.0 | 3 |
| 可控气氛碳氮共渗 | | 5 | 5 | 6 | 8 | | | | 5 |
| 9. 气体软氮化 | 8 | 6 | 6 | 5.5 | 3.6 | | | 4.8 | 6 |
| 10. 渗氮类 | | | | | | | | | |
| 气体渗氮(渗层≤0.35 mm) | 12 | 6 | 6 | 6.2 | 7.2 | 8 | 5 | 9 | 10 |
| 气体渗氮(渗层0.35~0.5 mm) | 15 | 8 | 8 | 7.3 | 7.2 | | 8 | 11 | 15 |
| 气体渗氮(渗层>0.5 mm) | 面议 | 10 | 10 | 9.6 | 11 | | 9 | 13 | 20 |
| 反腐氮化 | | 4 | 4 | 4.2 | 5.4 | 5.0 | | | 6 |
| 离子氮化 | 11 | 8 | 10 | 8.6 | 8.1 | | | | 10 |

续表

| 工 序 | 价格(元/kg) | | | | | | | | |
|---|---|---|---|---|---|---|---|---|---|
| | 江苏 | 天津 北京 | 无锡 | 上海 | 苏州 | 兰州 | 武汉 | 合肥 | 哈尔滨 |
| 含氮多元共渗 | | 8 | 10 | 9.5 | 10 | 7.5 | | | 6 |
| 11. 真空热处理 | | | | | | | | | |
| 真空淬火 | 17 | 10 | 15 | 14.6 | 10 | | | 9 | 10 |
| 真空渗碳(渗层 0.8～1.5 mm) | | 12 | 12 | 15(高速钢) 17 | | 9 | | | 15 |
| 真空退火 | | 8.1 | 8.2 | 8.3 | 7.2 | 500元/炉 | 4.5 | | 8 |
| 12. 铝合金淬火+人工时效 | 3 | 3 | 4 | 3.2 | 2.7 | 300元/炉 | 2 | | 5 |
| 13. 冷处理(干冰+酒精) | 4 | 5 | 5 | 5.5 | 3.6 | | 3.2 | 5 | 5 |
| 14. 发蓝处理 | 1.4 | 1.5 | 1.5 | 1.7 | 0.9 | | | 1.0 | 1 |
| 15. 磷化 | 1.6 | 1.3 | 1 | 2 | 1.4 | | | | 0.8 |
| 16. 喷砂 | 0.5 | 0.8 | 0.8 | 1.1 | 1 | | | | 0.6 |
| 17. 抛丸 | 0.5 | 1 | 1 | 1.2 | 1.1 | | | | 0.6 |

# 附录 3　小型冲压件的报价

## 1．小型冲压件报价方法

(1) 冲压件价格涉及的几个方面

冲压件价格主要由以下内容决定:材料费、冲压费、机加工费(如钻、铰、攻等加工)、表面处理(如去毛刺、氧化、喷漆、丝印、喷涂、表面镀等),除此以外,还需考虑边角废料的价值,以及最后企业的利润。

(2) 报价的大致内容

① 材料费。

将零件展开后进行排样,再用公式计算:

材料费 = 步距(mm)×条料宽度(mm)×厚度(mm)×密度(g/cm³)×10⁻⁶×单价(元/千克)×(1.1~1.2)(损耗系数)

② 冲压费。

按压力机的吨位来计算,(或油压机等)还要根据要多少个冲次才能完成来计算冲压费(见附表10)。

**附表10 压力机加工费参考表**

(加工费随地域、时间有所变化,以即时价为准)

| 序 号 | 压力机种 | 压力机吨位(t) | 压力机加工费(元/次) |
| --- | --- | --- | --- |
| 1 | 机械压力机 | 6.3 | 0.02 |
| 2 | 机械压力机 | 10 | 0.03 |
| 3 | 机械压力机 | 16 | 0.04~0.05 |
| 4 | 机械压力机 | 25 | 0.05~0.06 |
| 5 | 机械压力机 | 40 | 0.06~0.08 |
| 6 | 机械压力机 | 63 | 0.08~0.10 |
| 7 | 机械压力机 | 80 | 0.10~0.14 |
| 8 | 机械压力机 | 100 | 0.15~0.20 |
| 9 | 机械压力机 | 110 | 0.25 |
| 10 | 机械压力机 | 120 | 0.30 |
| 11 | 机械压力机 | 160 | 0.35 |
| 12 | 机械压力机 | 200 | 0.50 |
| 13 | 机械压力机 | 250 | 0.85 |
| 14 | 油压机 | 40,63,100 | 0.40~0.90 |
| 15 | 油压机 | 160,200 | 0.60~1.20 |
| 16 | 油压机 | 315,500 | 0.80~1.50 |

③ 机加工费(如果不需要就不必算入)。

④ 表面处理费用如氧化、喷漆、丝印、喷涂、表面镀等。

⑤ 包装、运输费用。

⑥ 利润率目前一般在30%左右,税率目前是17%。

**2. 小型冲压件报价实例**

例:零件如附图1(具体尺寸省略)所示,制件相关信息如下,请报价。

零件名称:汽车用盖板;
材料:ST12—ZF(普通级冷轧镀锌薄钢板);
厚度:1.5 mm 大批量生产;
制件周长:1 275 mm;
制件面积:64 611 mm$^2$。

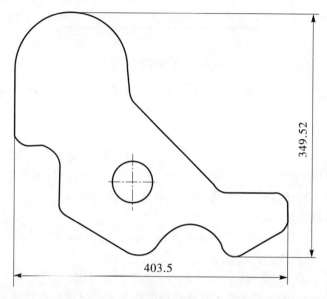

附图1　工件图

该零件形状不复杂,符合冲裁的工艺性原则,零件能满足冲压工艺要求,可以用复合模具进行生产,现报价过程如下。

(1) 零件的净重

欲求零件的落料净重必先求落料净面积。求复杂零件的落料净面积的方法是:先把落料冲裁图形在 CAD 里绘制出来,再点击绘图——面域,框选全部分离出来的图形,点击鼠标右键,再左键双击图形,弹出特性对话框,里面的面积数据就是面积。

一个步距内产品的面积已给出:64 611 mm$^2$。

零件的净重＝净面积×料厚×该材料的密度
　　　　　＝64 611×1.5×7.8
　　　　　＝755 948.7×10$^{-3}$≈756 g≈0.76 kg

(2) 零件的耗料净重

根据排样图(附图2)可知其步距是 466.65 mm,条料宽度是 252 mm。

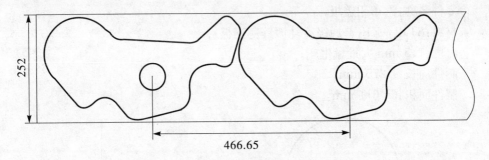

附图2　工件的排样图

一个步距内材料的耗料净重＝条料宽度×步距×料厚×该材料的密度
$$= 252 \times 466.65 \times 1.5 \times 7.8$$
$$= 1\,375\,870.8 \times 10^{-3}$$
$$\approx 1\,376\,g \times 1.1 \approx 1\,514\,g \approx 1.51\,kg$$

这里的损耗系数为 1.1～1.2,是多加 10%～20% 的材料,因为生产时料头、料尾是不可以使用的,所以最后所得为耗料净重的实际数据。

(3) 产品报价演算

进行工序件(指单工序模具冲压出来的产品、包括中间工序出来的半产品或过渡性半产品)产品报价的原则如下。

① 确认该产品耗料价格。

该产品的材料价格＝该零件的耗料净重×当地此时这种材料的出售价格
$$= 1.51 \times 23 \text{(以上海宝钢生产的 ST12—ZF 为例)}$$
$$= 34.73 \text{(元)}$$

这 34.73 元是含税的价,税是 (34.73/1.17)×17%＝5.05 元。这 5.05 元是进项税,以后要减去的(抵扣)。

② 确认冲制费(适用单工序模和连续模)。

一个产品往往由多个工序构成,每个工序可能用不同吨位的压机,不同吨位的冲床冲制一次的价格见附表10。

该冲件所选压力机为 160 t 机械压力机,一次冲成,冲制价格为 0.35 元/次。

③ 总价。

总价＝材料费＋冲制费＋产品如有后处理的
　　　(如电镀、刷纹、有无螺钉、螺柱等加工费)
　　＝34.73＋0.35＝35.08(元)

考虑允许有 3% 的废品率,故为 35.08×1.03＝36.13(元)。那么这是否就是最终报价?这里还需考虑以下三个因素。

① 冲制该零件的时候会有废料产生,这些废料是可以卖钱的,而且是现金,这

里的废料重量是:零件的耗料净重－零件的净重,就是 1.51－0.76＝0.75,而这 0.75 kg 废料是以废料价格回收的,收购 ST12—ZF 废料价格约为 12 元/kg,因此, 废料回收后:0.75×12＝9(元),36.13－9＝27.13(元),一般客户是不需要边角料 的,因此,最低出厂价是 27.13 元,最高出厂价是 36.13 元。

② 企业的利润。

按照 30% 企业利润,27.13×1.3＝35.27(元),36.13×1.3＝46.97(元)。

③ 加税后卖出价格。

在 35.27 元和 46.97 元上分别加 17% 的税金,35.27×1.17＝41.27(元), 46.97×1.17＝54.95(元)。

给客户报价就是上面的 41.27 元和 54.95 元之间,先从最高报价 54.95 元开 始,注意控制底价,掌握好分寸。

# 参 考 文 献

［1］徐政坤.冲压模具与设备［M］.北京:机械工业出版社,2006.
［2］刘航.模具价格估算［M］.北京:机械工业出版社,2011.
［3］李云程.模具制造工艺学［M］.北京:机械工业出版社,2013.
［4］夏江梅.塑料成型模具与设备［M］.北京:机械工业出版社,2005.
［5］陈炎嗣.多工位级进模设计与制造［M］.北京:机械工业出版社,2009.
［6］胡平.汽车覆盖件模具设计［M］.北京:机械工业出版社,2012.
［7］张祥林.模具计价手册［M］.北京:机械工业出版社,2006.
［8］王桂英.电器接片多工位级进模设计［J］.模具制造,2008(4).
［9］吴兆祥.模具材料及表面处理［M］.北京:机械工业出版社,2010.
［10］段来根.多工位级进模与冲压自动化［M］.北京:机械工业出版社,2012.
［11］翁其金.冲压工艺与冲模设计［M］.北京:机械工业出版社,2011.
［12］潘祖聪,王桂英.冷冲压工艺与模具设计［M］.上海:上海科学技术出版社,2011.